K심리학 상황중독

K심리학 상황중독

초판 1쇄 발행 2025년 11월 15일

지은이 최성규
표지디자인/일러스트 김선영
표지타이틀 캘리그라피 이문재
펴낸이 김선영
펴낸곳 함께먹는사람
등 록 제2016-000044호
주 소 경기도 과천시 관문로92 힐스테이트 과천중앙 101동 1818호
전 화 02-507-3077~78
팩 스 02-507-3079
이메일 seon153153@daum.net
ISBN 979-11-975806-5-9

이 책은 저작권법에 따라 보호를 받는 저작물이므로 무단전재와 복제를 금하며, 이 책
내용의 전체 또는 일부를 사용하려면 반드시 저작권자의 서면 동의를 받아야 합니다.

K심리학 상황중독
Korean psychology Situational addiction

최성규 지음

함께먹는사람

author's note

정신의학과 전문의 최성규

사람들의 일상은 각 개인 규모의 경제활동이라고 할 수 있다. 실물 경제활동일 뿐 아니라 심리적 에너지의 경제활동이다. 오히려 심리적 에너지에 대한 경제활동이 실물 경제활동을 포함하고 있다. 돈 역시 심리적 에너지를 얻기 위해 사용되는 하나의 종목에 불과하다.

개인을 하나의 심리적 에너지 경제활동 주체로 바라봤을 때 다른 사람과의 경제활동과 겹치면서 에너지 교환(무역)이 일어난다. 그 과정에서 각자가 자신의 에너지를 어떤 가치로 바라보는가에 따라 자신의 대 對 타인 에너지 교환에서 기준이 되는 환율이 정해진다. 처음 에너지 교환 환율이 정해지면, 여간해서는 그 환율이 잘 변하지 않는다. 그리고 처음 정해지는 에너지 교환 환율은 양육자와의 관계에서 결정된다.

서문

자신이 (에너지를 얻을 목적으로) 인정받기 위해 노력을 하는 것은 너무나 당연한 인간사일 것이다. 그런데 하나의 (인정) 에너지를 얻기 위해 훨씬 더 많은 에너지를 쓴다면 환율은 올라가고 자신의 가치는 당연히 떨어진다. 비유하자면 1달러를 벌기 위해 50만 원을 쓰는 사람, 500만 원을 쓰는 사람과 같다. 그런 사람은 자신의 가치가 거의 바닥일 수밖에 없다. 그래서 에너지를 교환하면 교환할수록 오히려 더 큰 손해를 보게 된다. 에너지가 바닥나면서 번 아웃이 일어남과 동시에 (떨어진 환율이 상징하는) 자존감도 바닥나게 되는 것이다.

 레버리지

지렛대 효과. 타인의 자본을 차입하여 자신이 보유한 자본에 비해 훨씬 높은 수익률을 높이는 것. 실패 시 손실률도 더 높아진다.

author's note

문제는 아무런 희망이 보이지 않는 사람일수록 적금을 통해 심리적 에너지를 모으기보다는 일확천금을 노리기 위해 로또를 하거나, 작전주에 물리거나, 레버리지(지렛대 효과)에 투자한다. 그리고 대부분은 자신의 자본을 다른 사람의 부를 늘려주는 데 사용하게 된다. 그리고 이런 심리적 에너지의 투기 성향은 사람의 마음에서 조금 더 극심하고 복잡하게 일어난다.
심리학 영역에서 일어나는 이런 부실 증권 투자나 레버리지 투자에 관해서 얘기하지 않고서는 사람의 마음을 완벽하게 이해했다고 말할 수 없을 것이다. 이는 사람들이 에너지를 얻기 위해 에너지 교환을 할 때 대부분 무의식에서 벌어지기 때문에 일어나는 현상이다. 에너지 교환은 경제활동과 마찬가지로 최고의 지성과 냉철한 이성의 통제에 따라야 한다. 그러지 않고서는 숨만 쉬고 살았음에도 불구하고 자각하지 못하는 새 파산하게 된다. 그리고 이런 현상은 진료실에 국한되지 않고 일반적 사회에서도 비일비재하게 일어나는 일상이다.
심리적 에너지의 파산 상태로는 번아웃에 따른 무기력, 불안, 두근

서문

거림, 숨쉬기 어려움 등의 증상으로 나타나는데 우울증과 공황장애, 불안장애에 해당하는 현상일 것이다. 그러니 결과적인 파산 상태에 이르지 않았다고 해서, 즉 정신적인 증상이 나타나지 않았다고 해서 완전히 건강한 상태라는 것은 아니다. 에너지 교환 환율이 얼마나 높으냐에 따라 이미 파산을 예약한 사람들이 너무 많다고 할 수 있다. 파산은 시간문제인 것이다.

누군가가 자신에게 (에너지를 얻기 위해서) 조금 더 즐거운 것을 주기 위한 무엇인가를 찾아 이리저리 헤매고 있다면, 반대로 그런 상황이 너무 공허하고 힘들어서 벗어나고 싶은데도 강박적으로 반복하고 있다면, 즉물적이고 쾌락적인 자기 삶의 태도에 환멸이 느껴지면서 스스로에게 치를 떨고 있다면, 이 책에서 상황 중독이라 이름 붙여진 현상에 관해 설명하는 바를 살펴볼 이유가 충분하다 할 것이다.

2025년 가을 진료실에서
최성규

K심리학 상황중독 Korean psychology Situational addiction

Contents

Part 1 상황중독

서문 author's note   4

1. 아이러니   17
    에너지에 대한 오해   20

2. 중독과 상황중독의 정의   23

3. 상황중독의 형성   29
    상황중독의 발생   46
    상황중독의 구성 요소   46
    상황중독을 만드는 결핍감(불편감, 기분 나쁨)의 종류   49
    결핍감을 해결하는 방법으로 사용되는 상황중독   56
    좁은 의미의 결핍감을 해결하는 방법으로 사용되는 상황중독   61
    압박감을 해결하는 방법으로 사용되는 상황중독   62
    지루함을 해결하는 방법으로 사용되는 상황중독   64

인간의 마음에서 일어나는 모든 불편함은 심리적 에너지와 연관이 있다
마음의 힘을 길어 올려 불안과 무력감, 자기 비난과 우울의 악순환으로 바닥 난 내 마음의 에너지를 높여주자

　　　한국과 서양의 양육 환경에 따른 상황중독 형성의 차이　69
　　　양육의 비교기준이 높은 사회에서의 상황중독 형성　71
　　　양육의 비교기준이 낮은 사회에서의 상황중독 형성　73

4. 상황중독의 종류와 임상적 의미　79
　　　상황중독 1형　80
　　　상황재현형　80
　　　아파체타형　82
　　　상황재현형과 아파체타형의 차이　85
　　　　　⑴ 발생 방식의 차이　85
　　　　　⑵ 사용 방법의 차이　88
　　　위험추구형　92
　　　매개체형　93
　　　복합형　95
　　　참전용사(베테랑veteran)형　96
　　　상황중독 2형 (상황중독의 변이)　98
　　　상황중독 2형과 에너지 절벽의 차이　101
　　　상황중독의 임상적 의미　104

5. 상황중독의 내분비학적 가설　107

6. 상황중독의 치료　113

7. 사례　125
　　　도스토옙스키의 상황중독　127
　　　서경은(가명) 씨의 상황중독　132

K심리학 상황중독 Korean psychology Situational addiction

Contents

Part 2
K심리학

1. 본능과 욕구 147
    한국에만 정 情이 있는 이유 152
        한국에만 정 情이 있는 이유
    A 씨의 사례 155

2. 결핍과 분노 161
    본능인자 161
    B 씨의 사례 164
    결론 167

3. 에너지 경제론1 170
    에너지 경제론 170
    에너지 절벽 172
        월요병 | 심리적 피부 | 두 가지 개념

인간의 마음에서 일어나는 모든 불편함은 심리적 에너지와 연관이 있다
마음의 힘을 길어 올려 불안과 무력감, 자기 비난과 우울의 악순환으로 바닥 난 내 마음의 에너지를 높여주자

　　자존감의 구성 성분　　179
　　　　자기가치감 | 자기효능감 | 자존감의 형성 | 자기가치감의 형성
　　　　자기효능감의 형성 | 자존감의 특징 | 이상적인 양육
　　자존감의 교정　　188

4. 무의식의 형성　　191
　　　　무의식의 형성 | 무의식의 에너지적 관점
　　　　심리적 관성 | 심리적 관성의 해소 | 심리적 관성의 예

5. 상황중독　　200
　　상황중독　　200
　　　　상황중독의 예

6. 마중물 요법　　208
　　마중물 요법이란　　208
　　　　마중물의 효과
　　마중물 효과의 상황중독적인 측면　　226

Part 1 상황중독

대학 초년생일 때 읽었던 이어령 씨의 에세이집에 나온 한 대목을 기억한다. 페루에는 산길 곳곳에 아파체타 Apacheta라는 돌무더기가 있다는 얘기였다.
그 돌무더기는 무거운 짐을 지고 가는 짐꾼들이 잠시나마 무거움을 잊기 위해 짐과 돌을 같이 지고 가다가 돌을 던져놓고 조금은 홀가분해진 마음으로 갈 길을 가는 장소라는 것이다.

이 얘기를 그 당시 굉장히 인상 깊게 읽었던 기억이 있다. 그리고 지금은 인간의 아이러니를 가장 현명하게 보여주는 하나의 단서라고 생각한다.
짐도 무거운데 돌을 또 드는 어리석음을 어느 누가 비난할 수 있을까? 현재의 고난을 견디기 위해 작은 고난을 다시 자청한 뒤 그 고난을 벗으면서 느끼는 작은 해방감으로 원래의 고난을 이겨내겠다는 생각은 인간이 만들어 낸 슬픈 발명품이 아닐까? 그것은 인간이 느끼는 모든 결핍은 상대적이라는 뜻이기도 하다.
인간이 관심을 가지고 중요하게 생각하는 것은 정지된 상태가 아니라 역동적으로 변화하는 변화의 순간이며 에너지의 양에 주목하는 것이 아니라 에너지의 전위차에 지대한 관심을 가진다는 사실이다.

1. 아이러니

인간의 가장 큰 아이러니라면 고통과 쾌락을 맞바꾸는 행동이 아닐까?

자기 자신밖에 모르고 자신만의 이익을 추구하면서 살다가도 왜 갑자기 위험을 무릅쓰고도 파괴적인 모험을 하는 것일까?

건강한 범위 내에서의 익스트림 스포츠extreme sports부터 문제적 행동인 도박, 마약중독에 이르기까지 사람이 자신의 목숨을 담보로 쾌락을 추구하는 것은 무슨 이유에서일까?

인간의 가장 큰 아이러니라면 고통과 쾌락을 맞바꾸는 행동이 아닐까? 자기 자신밖에 모르고 자신만의 이익을 추구하면서 살다가도 왜 갑자기 위험을 무릅쓰고도 파괴적인 모험을 하는 것일까? 건강한 범위 내에서의 익스트림 스포츠extreme sports부터 문제가 있는 행동인 도박, 마약중독에 이르기까지 사람이 자신의 목숨을 담보로 쾌락을 추구하는 것은 무슨 이유에서일까?

많은 사람이 인생을 즐기면서 살고 싶다고 말한다. 인생 뭐 있냐고, 인생은 한방이라면서. 그러한 즐거움에는 반드시 짜릿하고 자극적이며 평상시의 생활과는 많이 동떨어진 것에 의지하는 것이 필요하다. 자신이 가지고 있는 안정에 대해서는 잊어버린 채 뭔가 자신에게 자극을 줄 만한 색다르고 신기한 것을 찾아 나선다. 아마도 인간의 그런 습성 때문에 인류가 진보했는지도 모르겠다.

하지만 인류의 진보에 끼친 영향이라면 이런 습성을 스스로 조절하여 창의성으로 표출한 일부 극소수의 사람들 얘기다. 원래 대부분의 사람은 새롭고 자극적인 것을 선호하는 경향으로 인해 좀 더 지지부진하고 엉켜버린 덫에 빠진 채 스스로 한심해하거나 누군가에게 한심하다고 여겨지며 살게 된다.

실제 우리의 삶을 들여다보면 인간의 삶이란 대부분 '얼마나 안전하게, 얼마나 합법적으로, 얼마나 효율적으로, 얼마나 짜릿하게 살아갈 수 있나'를 놓고 모든 궁리와 생각이 집적되는 듯한 양상을 볼 수 있다.

 우리는 그러한 한순간을 위해 직장을 다니며 하루하루의 필수 불가결인 일상생활들을 견뎌낸다. 하루의 노고를 씻어내는 듯한 친구와의 맥주 한 잔, 일주일 동안 녹슨 관절에 기름을 치기 위한 클럽 생활, 한 달에 한 번 신선한 공기를 폐 속에 채우기 위한 캠핑, 일 년에 한 번 큰돈을 들인 이벤트나 해외여행 등. 요즘의 우리 생활에는 하루를 얼마나 알차게 보내는가 보다는 앞에서 이야기한 활력소들을 실행에 옮기기 위해 얼마나 많은 따분한 날들을 견뎌낼 수 있는가가 미덕이 되었다.

 물론 그러한 것들이 전혀 필요가 없다거나 전혀 무가치하다는 것을 주장하려는 것은 아니다. 지금 기술해 놓은 정도만 유지해도 전혀 문제없고 건강한 삶을 누리는 사람들의 삶이 될 것이다. 하지만 그 원인이 어디에서부터 왔는지는 알아야 한다. 그래야 MSG가 요리의 맛을 살린다고 해서 MSG만 듬뿍 넣고 주재료를 조미료 치듯 넣은 황당한 음식을 피할 수 있을 것이다.

에너지에 대한 오해

사람은 살아가면서 마음속의 에너지를 있는 그 자체로 느끼지 못하는 것이 문제의 원인일 수도 있다는 생각이 든다. 우리가 느끼는 공기처럼 평상시에는 공기의 고마움과 존재 가치에 대해 잊고 살다가 가끔 불어오는 바람으로 인해 공기의 존재를 느끼게 된다. 마음의 에너지 역시 그 존재에 대해서 늘 인지하고 살기는 힘든 것 같다. 일반적으로 공기의 존재를 기압의 차에 의해 발생하는 바람으로 느끼듯 마음의 에너지 역시 에너지 상태의 차이에 의해 에너지가 들고 날 때의 느낌을 느끼는 것이지 변화 없는 에너지의 존재 자체를 인지하고 살지는 않는다는 의미다.

평상시 우리의 심리적 에너지가 얼마나 남아 있는지 알아볼 수 있는 퓨얼게이지(연료 게이지)가 손등이나 손바닥에 있었으면 좋겠다고 생각해 본다. 아니, 실제로는 있을지도 모른다. 마음에 대해 유독 깊은 관심이 있는 사람이거나 정신건강을 다루는 영역에서 잘 훈련된 사람들에게는 자기 스스로 자신의 에너지

📋 퓨얼게이지 fuel gauge
(연료계 燃料計 또는 연료 계기판)
기계 연료의 잔량을 나타내는 게이지. 연료의 액면에 있는 뜨개로 잔량을 나타내는 시스템이다. 석유난로, 자동차, 기차, 비행기, 주유기 등 연료가 들어가는 모든 기계에 있다.

수위를 감지하는 사람이 혹여 있을지도 모르겠다.

하지만 그런 사람들조차도 에너지의 존재는 안정 상태에서 급격한 에너지 소모가 오거나 에너지 소모 상태를 가까스로 벗어날 때, 즉 에너지의 변화가 뚜렷하게 느껴질 때야 비로소 그것이 에너지인 줄 깨닫게 된다. 에너지의 오해는 거기서 비롯되었다고 생각한다. 인간이 느끼기 편한 대로 에너지를 정의해 버린 것이다. 그리고 인간들은 자연스럽게 에너지의 변화량을 에너지 그 자체로 느끼게 되었다. 이 사실이 왜 중요한지 지금부터 설명할 생각이다.

2. 중독과 상황중독의 정의

중독
긴장이나 감정적 불편을 해소하기 위하여 하게 되는 반복적인 어떤 행동을 말하며 심리적인 의존과 신체적인 의존이 있어 정신적·신체적으로 건강을 해치게 되어도 그 행동을 그만두지 못하는 상태를 말한다.

상황중독
인생의 초기(수동적 성장기)에 겪었던 과거의 상황으로 인하여 저절로 체득한 쾌감을 현재에서 다시 재현하고자 하는 모든 의도와 행위를 말한다.

우리가 일반적으로 쓰는 중독이라는 말에는 여러 가지의 의미가 있어 여러 가지 용어로 표현될 수도 있다. 그리고 주로 물질로 인한 남용이나 중독에 관해 설명하는 경우가 많다. 교과서에는 어떻게 표현되고 있는지 알아보자.

남용 abuse이란
사회적 또는 직업상의 기능장애를 초래하는 물질의 병적 사용, 즉 의학적 사용과는 상관없이 약물을 지속적으로 또는 빈번히 사용하는 것을 말한다.

습관성 중독 addiction(중독, 갈망, 탐닉)이란
심리적 의존성이 있어 계속 물질을 찾는 행동을 하고, 신체적 의존성이 있어 복용을 중단하지 못하며, 신체적 정신적 건강을 해치게 되는 상태를 말한다. 현재 의학적 용어로는 많이 사용하지 않으나 상태를 보다 정확히 표현하는 용어이기도 하다.

습관성 habituation이란
약물을 계속 사용함으로써 긴장과 감정적 불편을 해소하려는 것을 말한다.

내성 tolerance이란
약물을 사용했을 때, 오래 써서 효과가 점차로 감소하거나, 같은 효과를 얻기 위해 점차 용량을 증가시켜야 하는 상태를 말한다.

금단 증상 withdrawal or abstinence syndrome이란
> 약물의 사용을 중단하거나, 사용량을 줄였을 때 나타나는 증상을 말한다.

신체적 의존 physical or physiological dependence이란
> 약물 사용이 지속되면서 약물과 유기체 간의 상호작용의 결과로 나타나는 생리적으로 변화된 상태를 말한다. 즉, 신체적으로 금단 증상을 피하고자 사용자가 약물을 계속해서 사용하게 되는 상태를 말한다.

심리적 의존 psychological dependence이란
> 습관성 habituation과 유사한 개념으로 약물을 계속 사용함으로써 긴장과 감정적 불편을 해소하려는 것을 말한다.

민성길, 『최신정신의학』, 일조각, 329.

 의학서적을 읽다 보면 중독이란 결코 약물과 떼려야 뗄 수 없는 부분이다. 개념 자체에 약물이 포함되어 있다고 해도 과언이 아니다. 그러므로 개념을 약물에서 조금 더 넓혀 보자.

 일상적으로 잘 사용하며 주로 일중독, 운동중독, 커피중독 등과 같은 개념의 친숙한 의미의 중독 addiction으로부터 시작해 보자. 그리고 우리가 한때 집착하고 파고들었던 모든 대상, 사물, 관계, 상황에 이르기까지 광범위하게 적용해 보자. 그렇게 해서 그 중독의 가장 기저에 있는 심리적인 원인을 경험적으로 풀어서 밝히고자 한다.

위에 있는 중독의 정의에서 보듯이 중독이 꼭 물질에만 해당하지는 않는다는 뜻으로 바꾸어서 정의를 다시 써보자.

중독이란

긴장이나 감정적 불편을 해소하기 위하여 하게 되는 반복적인 어떤 행동을 말하며, 심리적인 의존과 신체적인 의존이 있으며, 정신적·신체적으로 건강을 해치게 되어도 그 행동을 그만두지 못하는 상태를 말한다.

무엇보다도 정신적, 신체적으로 건강을 해치게 된다고 하더라도 당장의 불편감을 해소하기 위해 반복해서 하는 행동이라는 말에 주목해야 한다. 그리고 그 행동을 하게 되는 이유를 이제까지는 그 행동에 사용되는 매개체(약물, 음식, 기호품)에 있다고 생각해 온 것이 일반적이다. 내가 이 책에서 말하고 싶은 내용이 바로 여기에서부터 출발한다. 나는 그 이유가 다른 것에 있다고 얘기하려고 한다.

중독에는 두 가지 유형이 있고 그 유형별로 이유가 다르다는 것을 먼저 얘기해 두고 싶다. 중독은 상황을 이용하는 상황중독과 물질(substance)을 사용하는 매개체 형 중독으로 나눌 수가 있다.

상황을 이용하는 중독을 조금 쉽게 설명하자면 고통에 많이 노출된 사람들일수록 그 고통을 즐기게 된다는 뜻이다. 매운 것을 일삼아 먹는 사람들이나 자신을 위험 속에 몰아넣고 그 위험을 즐기는 사람들로 예를 들 수 있을 것이다.

물질을 사용하는 매개체 형 중독은 일반적으로 잘 알려져 있으므로 상황중독에 대한 원인부터 얘기할 생각이다. 물론 매개체 형 중독 역시 그 원인이 되는 상황이 먼저 존재했기 때문에 발생한다고 할 수 있으므로 매개체 형 중독 역시 상황중독의 한 형태라고 해도 무방하다. 그러니까 넓은 의미의 상황중독에는 매개체 형 중독과 좁은 의미의 상황중독이 포함되어 있다고 할 수 있다. 매개체 형 중독이 발생하는 상황은 상황중독을 먼저 설명하고 난 후에 얘기하기로 하자.

어릴 때부터 반복적으로 노출되어 온 환경이나 상황에서 느꼈던 쾌감을 어른이 된 후에 재현해 내기 위해 노력하는 것은 일반적인 일일 것이다. 여기서 재현하기 위해 노력할 때 매개체의 사용은 선택 사항이다. 매개체를 사용하지 않는 사람이라고 해서 쾌감을 전혀 추구하지 않을 것이란 보장은 없다. 모든 사람은 불편한 상황에서 해소될 때 자연히 얻어지는 쾌감을 자연스럽게 습득하게 되며 그 쾌감에 중독되어 있다. 정도의 차이가 날 뿐이다. 어떻게 보면 정도가 심할수록 그 쾌감을 재현하기 위해 매개체를 사용할 가능성이 크다고도 얘기할 수 있다.

중독 정도가 심하지만, 죄책감이 크다면 매개체 사용을 꺼린다. 만약 죄책감도 크지만, 쾌감을 원하는 마음이 더 강하다면 자신에게 죄책감에 대한 처벌을 먼저하고 미뤄두었던 쾌감만 나중에 취하는 방법을 사용할 수가 있다. 어렸을 때 느꼈던 고통을 처벌로써 먼저 받고 고통이 끝났을 때 느꼈던 안도감을 쾌감으로 돌려받는 것이다. 그것 때문에 어렸을 때 고통을 느꼈거나 불편함을 느꼈던 그 상황을 직접 재현하려는 경향이 있다. 그리고 그 고통이나 불편함이 끝나면서 느껴지는 안도감을 수동적인 쾌감으로 여기게 되는 것이다.

조금 이르지만 이 대목에서 상황중독의 정의를 내려 보자.

상황중독이란

인생의 초기(수동적 성장기)에 겪었던 과거의 상황 속에서 저절로 체득한 쾌감을 현재에서도 다시 재현하고자 하는 모든 의도와 행위를 말한다.

3. 상황중독의 형성

사람들은 현재 아무런 일이 일어나지 않는 상태를 지루해 한다. 또 과거에 느꼈던 전위차를 그리워하게 된다. 그래서 다시 그러한 상태를 즐기려고 하는 경향이 생기게 된다. 이 전위차를 다시 재현하여 즐기려고 하는 경향이 바로 **상황중독**이다.

'나'의 상황중독을 만드는 넓은 의미의 **결핍감**(불편감, 기분 나쁨)은 양육자로부터 받아야 할 양육이 부족해서 생기는(좁은 의미의) **결핍감**, 양육자로부터 받고 싶지 않은 압박 때문에 생기는 **압박감**, 이러한 불편감이 전혀 없을 때도 나타나는 **지루함**(상황중독)으로 들 수 있다.

> 인간의 정신적 삶이 어떤 것이라는 것을 아는 사람이라면 그는 한번 경험한 쾌락을 포기하는 것보다 더 어려운 일이 없다는 사실 또한 알 것이다.
>
> 지크문트 프로이트, 『예술, 문학, 정신분석 (프로이트 전집 14)』
> – 작가와 몽상, 열린책들

조금 더 임상적 사례에서의 상황중독은 정신 분석가들이 주로 '치료되지 않으려고 저항하는 성향' 또는 '반복 강박 repetitive compulsion' 정도로 인식하게 되는 것이다. 이게 무슨 뜻인지 몰라 의아해할지도 모르겠다.

간단한 예를 들어보면, 나쁜 남자에게 매번 당하면서도 계속 반복해서 나쁜 남자를 찾아가는 일부 여자들의 습관과도 같은 것이다. 힘들고 고통스러운 길을 반복해서 스스로 뛰어드는 이해할 수 없는 현상에 대한 정신분석적인 꼬리표라고 보면 될 것 같다. 무언가를 얻기 위해 불편한 상황을 스스로 재현하는 것이라고 할 수 있다.

인간은 살아가면서 이미 다양한 방법으로 이러한 모순적인 상황을 즐기기도 하고 자신도 모르는 사이에 지배당하고 있다. 모든 사람이 생활 속에서 이미 경험하고 있는 얘기이기도 하다. 하지만 아직 아무도 그러한 모순을 손가락으로 정확하게 지적하면서 문제가 있다고 얘기한 적은 없다. 하지만 조금만 그 원리를 이해한다면 일반인이라도 생활 곳곳에서 보이는 모순적인 상황중독 일반적인 원리를 쉽게 깨달을 수 있을 것이다. 자 이제 사람들이 불편한 상황에 반복해서 스스로 뛰어드는 행동을 하는 이유를 알아보기로 하자.

'내'가 살면서 발생하는 불편감이 욕구를 만들고, 그 욕구가 채워지지 않으면 결핍이 생긴다(K심리학 참조). 그리고 그 결핍감 역시 '나'를 지속해서 괴롭히는 불편감이자 괴로움이다. '내'가 살아가는 인생의 초기에 그러한 불편감이 지속해서 생길 때 '나'는 그 불편감을 견뎌 내면서 힘들어한다. 그렇게 견디고 견디다 보면 그 상황에 적응하게 된다.

그 불편감을 불편감으로 인식하지 않고 어쩔 수 없이 받아들여야 하는 일상생활의 한 부분으로 받아들이는 것이다. 불편하지만 환경을 바꿀 수 없으므로 스스로 그 불편감을 새로운 기준으로 삼아서 그 불편감이 원래의 자기 상태인 것처럼 받아들이는 것이다. 그리고 그것을 다음부터 생기는 상대적 불편감의 기준으로 삼게 된다.

이것을 이해하기 위해서 먼저 에너지 전위차(에너지 변화량)에 대한 이해가 필요하다. 아파체타에 비교하여 설명해 보자.

페루에는 산길 곳곳에 아파체타 Apacheta라는 돌무더기가 있다. 그 돌무더기는 무거운 짐을 지고 가는 짐꾼들이 잠시나마 무거움을 잊기 위해 짐과 돌을 같이 지고 가다가 돌을 던져놓고 조금은 홀가분해진 마음으로 갈 길을 가는 장소라는 것이다.

아파체타는 상황중독을 재현하는 아주 고전적이고도 전형적인 예라고 할 수 있다. 원래 무거운 짐을 지고 산길을 가는 것은 괴로운 일이다. 하지만, 이 괴로운 일을 견디고 견디다 보면 언젠가 끝이 난다는 것을 우리는 경험적으로 알고 있다. 그리고 이 고통이 끝나면 느껴지는 쾌감은 느껴본 자만이 아는 것이다.

상황중독의 주요한 용도가 이것이다. 바로 인위적으로 만들어 낸 고통을 끝낼 때 생기는 쾌감으로 기존의 고통과 지루함을 견디는 데 사용하는 것이다. 고통은 아직 끝나지(짐을 내려놓지) 않았으므로 쾌감이 생길 리가 없다.

하지만 그 쾌감을 만드는 다른 방법은 얼마든지 있다. 현재의 고통에 더해 조금 더 고통을 짊어지고 가면(무거운 짐을 지고

📋 **양의 전위차**
에너지가 들어와서 기존의 에너지보다 더 많아지는 경우 이 에너지 변화량을 양의 전위차라고 한다

가다가 돌을 하나 더 들면), 짐을 지고 나르는 고통스러운 여정에서도 조금 더 짊어진 고통을 내려놓는 순간(하나 더 든 돌을 내려놓는 순간) 느끼는 작은 해방감을 수시로 맛볼 수 있다. 현재의 고통 중에도 소소한 쾌감은 얼마든지 즐길 수가 있는 것이다.

무거운 짐을 지는 것은 평상시의 기준으로는 심한 불편감이다. 그렇지만 오랫동안 짐을 지고 가다 보면 어느덧 그것을 현재 자신의 기준으로 삼게 된다. 그리고 짐에서 해방될 때 현재의 기준에서 (짐을 벗어 던지면서 느끼는) 불편감이 해소되면서 쾌감을 느끼게 된다.

그러나 짐을 벗어 놓을 때가 아직 멀고 멀었다면 불편하게 참고 있는 현재를 계속 지루하게 인내해야만 한다. 이 지루함을 사람은 더 못 견뎌 하는 것이다. 그래서 현재의 불편을 참고 지루함을 인내하는 도구로 에너지의 전위차를 느끼는 것이다.

무거운 짐을 지고 가다가 다시 돌을 드는, 에너지 소모를 가중하는 상태는 할 수만 있다면 무시하고 신경 쓰지 않는다. 오로지 (돌을 던졌을 때 느껴지는) 에너지 소모 상태의 중단을 에너지가 유입되는 것으로 여기면서 잠시 잠깐의 여유를 되찾는 것이다. 사막에 오아시스가 있다면 안데스에는 마음의 오아시스,

📋 **음의 전위차**
에너지가 나가서 기존의 에너지보다 더 적어지는 경우 이 에너지 변화량을 음의 전위차라고 한다.

아파체타가 있는 것이다.

짐을 지고 가는 상태를 여전히 평상시 짐을 지지 않고 있는 상태의 기준으로 보고 있다면 짐을 벗는 것이 원상복구의 의미만 있을 것이다. 하지만, 기준을 짐을 지고 있는 상태로 재조정하면 현재 상태에서 나은 상태로 변화하는 에너지의 전위차를 느낄 수가 있다. 비교기준 재조정은 무거운 짐을 지고 가면서 일어나고 그 상태로 돌을 집어 드는 것으로 한 번 더 일어난다.

그 비교기준을 재조정하기 위해 자신이 자초한 불편함은 대부분 무시하거나 외면한다. 그것은 지금까지도 그랬지만 앞으로도 그럴 것이다. 지금 이렇게 지적하지 않는다면.

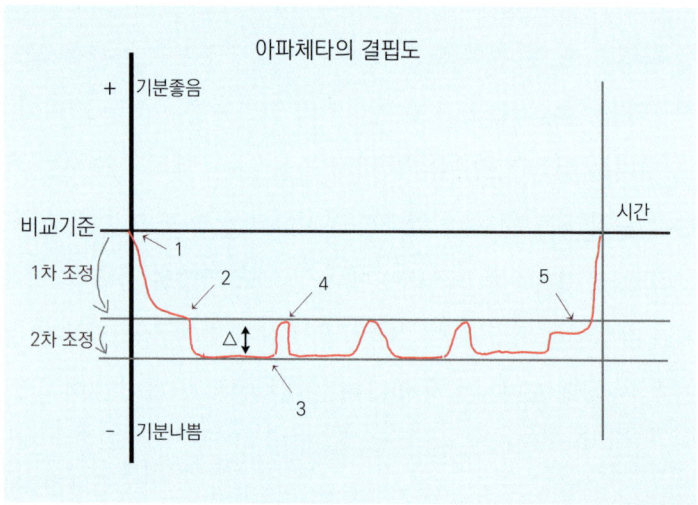

아파체타의 결핍도

그림설명
1. 무거운 짐을 지는 시점. 이후 고통이 지속되면서 1차 비교기준 재조정을 통해 고통을 현실로 받아들인다. 그 후 고통을 묵묵히 견딘다.
2. 다시 또 돌을 드는 시점. 이후 고통이 가중되면서 2차 비교기준 재조정을 통해 가중된 고통을 현실로 받아들인다.
3. 아파체타에 도달해서 돌을 내려놓는다. 이때 발생하는 고통의 해방감을 쾌감으로 느낀다. 바로 그 변화량을 통해 고통을 견디며 지루한 노동에 대한 재미를 느낀다.
4. 아직 목적지가 멀었으므로 다시 돌을 집어 든다.
5. 목적지에서 짐을 내리는 시점이다.

에너지의 전위차에 대한 이해를 바탕으로 상황중독이 생기는 과정을 설명해 보기로 하자.

이미 그 에너지 전위차를 느끼기 위해서 기꺼이 손해를 보는 상황을 아파체타를 통해 알아보았다. 그러면 그렇게 전위차를 느끼는 방법은 어디서 알았을까? 지금, 이 글을 읽고 있는 사람이 에너지 전위차에 대해 공감하는 부분이 있었다면 무엇을 통해 알게 되었던 걸까? 그 답은 간단하다. 이미 경험해 보았기 때문이다. 인생을 살아오면서 '내'가 자연스럽게 겪었던 많은 상황과 에피소드를 겪으며 '나'는 경험적으로 에너지의 전위차를 깨달았다.

하지만 거기에는 조건이 있다. 에너지의 소모(기분 나쁜) 상태를 감당하기 위해서는 에너지 소모 상태가 만성적으로 일어나서 에너지 소모 상태를 현재의 일상적인 상태로 인식하는 비교기준 재조정이 일어나야 한다.

만약 에너지 소모 상태를, 있는 그대로 받아들이면 즉, 비교기준 재조정이 일어나지 않은 상태라면 에너지 소모 상태를 괴롭게 느낄 것이다. 에너지 소모 상태가 중단되면 그것은 당연히 되돌아와야 할 원상 복구이지 짜릿하게 느낄 에너지 전위차는 아니다.

즉, 평상시 환경 자체가 안정적이며 보통의 평탄한 날을 보내고 있는 '나'라면 순간적인 에너지 소모 상태와 다시 복구된 상태를 트라우마 trauma라고 여기게 된다(기분 나쁜 상태에서 평범한 상태로 돌아오는 것을 약간의 다행감으로 느낄 수도 있다). 하지만 환경이 좋지 않아 매일 에너지 소모 상태를 겪고 있다면 에너지 소모 상태 중단은 커다란 에너지 전위차를 느끼게 하며 그것은 쾌감에 가까운 것이다(그 당시에는 그렇게 느끼지 않는다고 해도). 그런 일들이 자주 일어나면 '나'는 괴로운 상황이 반복되는 끄트머리에는 언제나 커다란 쾌감도 따라온다는 것을 체험으로 깨닫게 된다.

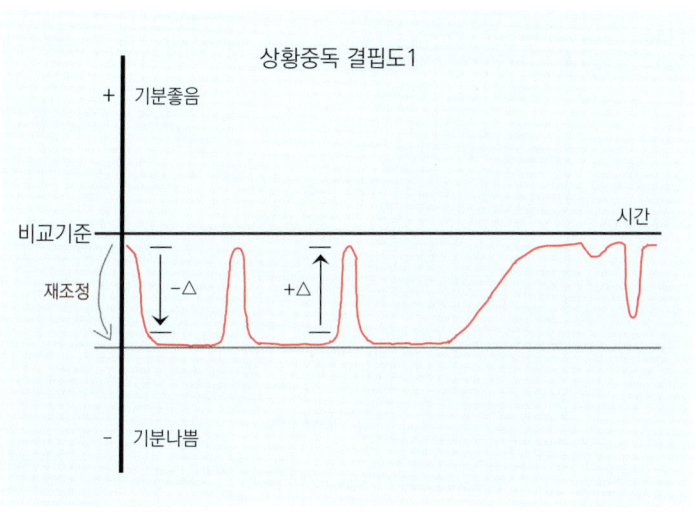

상황중독 결핍도 1

'나'의 어린 시절 부모에 의해 지속적인 결핍이 생기게 되면 그 불편감이 중단되는 순간, 순간을 굉장히 즐거운 사건으로 기억하게 되며 '나'는 그때 느끼는 에너지 전위차를 쾌감으로 기억하게 된다.

이것만 보면 괴로운 '나'의 긍정적인 인식 전환이 아닐 수가 없다. 고통을 고통으로 보면 괴롭지만, 쾌감을 얻을 기회로 생각하는 것은 자아의 훌륭한 방어기전이 될 수 있다. 그것으로 끝나서 아무런 부작용도 남기지 않았다면 말이다.

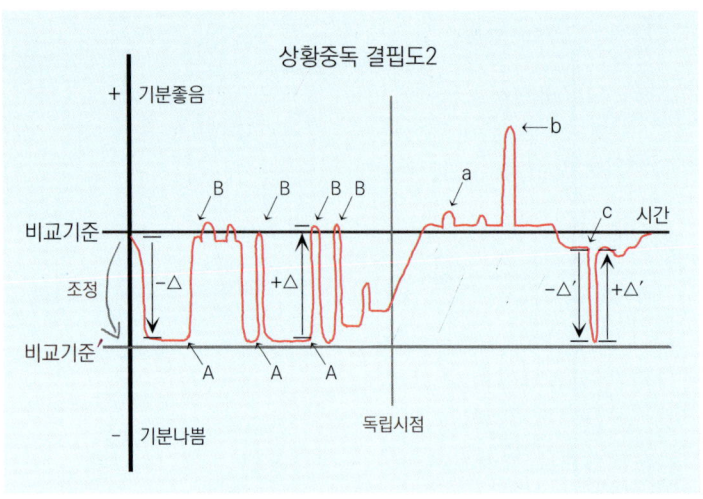

상황중독 결핍도 2

> 양의 전위차
> 에너지가 들어와서
> 기존의 에너지보다
> 더 많아지는 경우
> 이 에너지 변화량
> 을 양의 전위차라
> 고 한다

오랜 기간 불편감에 노출된 '나'는 비교기준이 점점 하향 조정된다(비교기준'). (그림에서 아래 비교기준에 비교기준을 비교기준'으로 바꾼다)

원래 불편감을 참는 것을 당연한 것으로 즉, 기준으로 여기게 된다. 그러다가 '나'에게 부과되었던 불편감이 사라지는 순간(A 지점) **양 陽의 전위차**(△)를 경험하게(B 지점) 된다. 스트레스가 사라지는 순간은 평범한(비교기준에 가까이 도달하는) 순간이다.

지금 고통받는 현재의 스트레스가 영구히 사라지는 독립의 시기가 되면(비교기준에 가까이 도달하면) 스트레스가 사라지는 순간 느꼈던 **양의 전위차**(+△)를 계속 느낄 수 있다고 착각하게 된다(B 상태가 유지되면 계속 +△를 느낄 수 있겠다고 생각한다.)

하지만 막상 독립해서 자신의 불편감이 모두 사라진 상태가 되면 짜릿한 **양의 전위차**(+△)는 느낄 수가 없다. B가 곧 +△는 아니기 때문이다. 모든 상황은 더 나아졌지만, 오히려 더욱더 지루함만 느끼게 된다. 그 지루함을 탈피하는 방법은 자신의 기분을 순간적으로 즐겁게 해줄 수 있는 모든 쾌락에 의지하는 것이다(a 지점).

만약 그것만으로는 어린 시절에 느꼈던 그 짜릿함을 재경험할 수 없다고 느낄 경우, 그리고 자신을 둘러싼 상황이 불법을 부추길 경우 술, 약물, 도박, 불법적인 쾌락에 의지하게 된다(b 지점). 죄책감이 커서 불법적인 방법을 쓰지 못할 때 이미 오래전부터 익숙하게 경험했던 그 상황으로 다시 돌아가는 방법을 쓴다. 바닥을 모를 감정의 심연으로 다시 잠수하는 것이다(c 지점). 그러고는 다시 되튀어 오르는 **양의 전위차**를 즐기려고 한다.

음의 전위차
에너지가 나가서 기존의 에너지보다 더 적어지는 경우 이 에너지 변화량을 음의 전위차라고 한다.

부작용이란 비교기준이 조정되면서 생기는 스트레스 중단 상황이 고스란히 전위차로 느껴지게 되는 부분을 말한다. 극단적인 예를 들면, 오랫동안 집안에서 억압적인 분위기를 조성하는 아버지 밑에서 자라는 경우를 생각해 보자. 하루하루가 폭압의 살얼음판을 아슬아슬하게 걸으면서 불편함(기분 나쁨)을 견뎌내야 하는 상황이다. 이런 불편함을 오래 견뎌야 하는 상황이라면 너무 괴로운 일이다. 그래서 괴로운 상황에 적응하기 위해서 자신의 비교기준을 하향 조정하게 된다. 자신에게는 늘 이렇게 불편하고 고통스럽고 괴로운 하루가 그냥 보통의 일상이라고 비교기준을 낮추어 생각하는 것이다.

이렇게 비교기준을 낮추면 더 기대할 것도 없고 스스로 당하는 고통을 당연한 것으로 받아들여서 일상으로 여기므로 더 힘들어질 일이 없다. 그리고 거기에 따른 부수적인 이득도 따라온다. 가끔 아버지가 들어오지 않는 날, 또는 여행을 간 날에는 스트레스 중단 상황이 생긴다. 그때의 해방감은 예전에 느껴본 적이 없는 양의 전위차(+△) 또는 '기분 좋음'으로 느껴지게 된다.

스트레스가 없다는 것은 객관적으로 아주 좋은 일도 아니고 그다지 나쁜 일도 아니다. '보통' 사람들에게는 그저 평범한 하루가 되는 것이다. 하지만 스트레스로부터의 해방감을 느끼는 '나'에게는 극단적인 쾌락(기분 좋음)의 날이 된다. 해방감이 얼마 가지 못하고 아버지가 돌아오면서 사라질 때 더 그렇다.

그리고 또다시 스트레스 상황에서 괴로운 일상이 유지가 되면 그때 느꼈던 그 해방감, 짜릿한 쾌감, 양의 전위차(+△)를 그리워하게 된다. 이런 상황이 반복되면 될수록 '나'는 계속 쾌감(기분 좋음)에 대한 갈증이 생기게 된다.

이렇게 보통 사람에게는 평범한 일상이 비교기준을 조정함으로써 '나'에게는 전위차의 정점으로 경험된다. 그것은 엄청난 유혹이다. 일상생활에서는 도저히 느낄 수 없는 쾌감을 느끼는 것이다. 거기서 부작용이 탄생한다.

'나'는 훗날 '내'가 독립하여 아무런 스트레스도 받지 않는 혼자만의 생활을 꿈꿀 것이다. 그때 이 쾌감(기분 좋음)도 함께 꿈꾸게 된다. 성인이 되어 독립하게 되는 바로 그 시점에서는 '나'의 상태가 하향 조정된 비교기준에 비해 급격히 상승하였으므로 엄청난 해방감과 쾌감을 느낄 것이다. 그 쾌감을 비교기준에 비해 높아진 전위차로 인해 나타나는 쾌감(기분 좋음)이라고 생각해야 하지만 사실 대부분의 사람은 그렇게 생각하지 못한다. 그저 아무런 스트레스가 없는 평범한 상태가 되면, 당연하게 느끼게 되는 쾌감(기분 좋음)이라고 생각한다.

그러므로 성인이 되어 독립하게 되었을 때 평범한 일상생활을 계속 유지하기만 하면 처음 느꼈던 그대로 계속 쾌감을 느낄 수 있을 것으로 생각하고 그 쾌감을 계속 기대한다. 하지만 실제로 느끼는 것은 그렇지 않다. '내'가 느끼는 쾌감은 시간이 지나면서 점점 사라진다. 물론 변화하는 역동성만 있다면 지속적으로 쾌감을 느끼는 것이 당연하겠지만, 평범한 상태가 유지될 때 즉 정적인 상태에서는 전위차를 느낄 수 없다.

간단하게 다시 정리해 보자. 어린 시절 환경 때문에 상황중독에 걸려 있는 사람들은 독립한 지 얼마 되지 않은 시점에서 아직 비교기준 하향 조정이 유지되고 있다면 매일매일 여전히 전위차를 느끼면서 쾌감과 해방감이 지속될 것이다.

하지만 시간이 지나면서 독립 상황을 일상으로 받아들이게 되면 비교기준이 곧 상향으로 재조정된다. 평범함이 일상이 되면서 매일매일 기대했던 전위차는 전혀 느끼지 못한다. 오히려 매일매일 전위차를 느낄 것이라는 기대치에 비해 쾌감이라는 전위차를 못 느끼기 때문에 상대적인 결핍감으로 다가오게 된다. 그리고 그 결핍감을 권태라는 감정으로 느낀다. 이것은 프로이트와 괴테도 분명히 느꼈던 부분인 듯하다.

> 쾌락 원칙이 간절히 바라는 상황도 오래 지속되면 강렬한 쾌감이 아니라 가벼운 만족감을 낳을 뿐이다. 인간은 오직 대조 對照에 의해서만 강렬한 즐거움을 얻을 수 있고, 지속적인 만족 상태에서는 거의 즐거움을 얻지 못하게 되어 있다. 실제로 괴테는 "화창한 날이 계속되는 것만큼 견디기 어려운 것은 없다"라고 경고한다. 물론 이것은 과장일 수도 있다.
>
> 지크문트 프로이트, 『문명 속의 불만 (프로이트 전집 12)』, 열린책들

'나'는 상황이 모두 평범해지게 되면 (평범한 상태로 돌아올 때 느꼈던 전위차를 평범한 일상생활의 특질이라 착각하기 때문에) 전위차

를 느낄 것으로 생각했던 기대를 바꾸지 않는다. 하지만 그 뒤 지속되는 평범한 일상은 더 이상의 전위차를 느끼지 못한다. 대조되는 음 陰이 없이는 양 陽이 양이 아니다. 아무리 즐거운 일이라도 비교기준이 상향 조정된 뒤에는 재미없는 하루가 반복되는 것이다.

현재 아무런 일이 일어나지 않는 상태를 지루해한다. 또 과거에 느꼈던 전위차를 그리워하게 된다. 그래서 다시 그러한 상태를 즐기려고 하는 경향이 생기게 된다. 이 전위차를 다시 재현하여 즐기려고 하는 경향이 바로 상황중독이다. 가장 일반적인 현상으로 나타나는 것이 세간에서 향락산업이라고 일컬어지는 부분이다. 조금 과장하자면 인류가 만들어 낸 대부분의 서비스 산업들은 바로 이 쾌락(양의 전위차)을 얼마나 더 안전하게, 극적으로 즐길 수 있느냐를 고민한 데서 비롯되었다고 할 수 있다.

만약 이러한 일반적이고 비교적 안전함이 보장된 양의 전위차도 만족할 수 없을 경우가 생긴다면 문제 행동이 발생하게 된다. 지루한 하루를, 매개체(술, 약물, 도박)를 통해 전위차를 발생시키는 것이다. 이것은 개인적으로나 사회적으로 모두 문제가 되는 부분이며, 사회적 비용과 법적인 문제가 겹치게 되므로 어떻게든 겉으로 드러나게 되는 부분이다. 그 부분은 현재도 알코올중독, 약물중독, 도박중독이라는 병명으로 지대한 관심을 받고 있다.

하지만 여기서 조금 더 신경을 써서 강조하고 싶은 부분은 겉으로 드러나지 않는 부분이다. 아무도 신경 쓰지 않고 당사자조차도 어쩔 수 없이 견디면서 넘어가는 부분이다. 왜 힘들어하는지도 모르면서 힘들어하기도 한다.

말하자면 양의 전위차를 느끼기 위해 불법적인 매개체를 사용하지 못하는 사람이 사용하는 방법이다. 옛날 어린 시절 느꼈던 양의 전위차를 느끼는 방법 그대로 재현하는 것이다. 그러기 위해서 **음의 전위차**를 무릅쓰며 **음의 전위차**를 무시하고 없는 존재인 것처럼 느낀다. 그것은 **음의 전위차**를 느끼는 순간 과거 어린 시절 느꼈던 심리적 관성(K심리학 193쪽 참조)으로 인해 비교기준의 하향 조정이 무의식적으로 자연스럽게 일어나기 때문이다. 그래서 음의 전위차가 주는 불편감은 곧 잊게 되고 이어지는 거대한 **양의 에너지**를 기대할 수 있는 것이다.

상황중독은 어렸을 때 형성된 상황에 중독되어 현재에서도 어렸을 때 느꼈던 불편감을 재현하면서 얻어지는 양의 전위차에 집착하는 경향을 말한다. 다시 표현하면 어떠한 상황에서 어떠한 대가를 치르더라도 쾌락과 즐거움만을 추구하는 경향을 말한다고 할 수 있다.

사례

H 씨는 어렸을 때부터 가족들과의 관계에서 늘 싸우고 화해하는 일이 빈번했다. 그 과정에서 서로의 마음을 확인하고 가족들과의 갈등을 해소하고는 했다. 그렇게 성인이 된 후에 H 씨는 자신의 인간관계에서 무엇인가 문제가 있다고 느끼기 시작했다. 무엇 때문인지는 모르겠지만 아무런 갈등이 없는 사람과는 제대로 된 인간관계를 갖고 있지 못하다고 느꼈다. 그래서 자신이 마음에 들거나 자신이 친해지고 싶은 사람이 있다면 반드시 한번은 싸워서 서로의 마음을 터놓고 화해하는 과정이 필요하다고 여긴다.

H 씨는 이를 자신의 인간관계에 진정성을 더하기 위한 방편이라고 이해하고 있었지만, 이는 어린 시절부터 인간관계에서 느꼈던 상황중독 때문에 생긴 증상으로 봐야 한다. 갈등 뒤 화해하는 과정에서 발생하는 대조를 통해 강렬한 카타르시스를 느꼈기 때문에 모든 인간관계에서 그런 쾌감을 느끼기 위하여 스스로 자신이 갈등을 만들고 싸운 뒤 화해하려고 노력하는 것이다.

화해가 성공한다면 더할 나위 없는 쾌감을 느낄 수 있었다. 이는 어린 시절 상황중독에 걸렸던 바로 그 상황을 어른이 되어서도 스스로 재현하는 전형적인 상황중독이라고 할 수 있다.

상황중독의 발생

상황중독의 구성 요소

이러한 상황중독이 생기는 과정에는 일련의 조건이 필요하다. 대부분의 상황중독은 인생의 초기에 형성된다. 불편함이나 고통 또는 압박과 같은 스트레스 상황을 스스로 아무 말 없이 견뎌 내야 하는 상황이 존재한다. 그래야 비교기준 조정이 일어날 수 있기 때문이다. 이 비교기준 조정이 일어나지 않는다면 스트레스 상황을 트라우마로 인식하고 다시는 경험하고 싶지 않은 악몽으로 기억할 것이다. 이 비교기준의 조정이 생기기 위해서는 '내'가 회피할 수 없는 고통스러운 결핍을 장기간 감당

📋 **타자변형적 태도**

프로이트와 동료들이 얘기한 타자변형적 적응이라는 말을 빌려 만들었다. 자신의 현재 문제를 해결하기 위해 다른 사람을 이용하거나 강제하려고 하는 태도를 말한다. 아직 어려서 대부분의 일상생활을 양육자에게 의존하는 어린 영유아에게서 주로 나타난다. 성인이 되어서도 이런 태도가 나타나는 경우라면 대부분 상대방의 이해와 배려에 익숙해져 있고 그것을 자신의 권리인 것처럼 생각할 때 나타나는 태도이다.

했던 경험이 필요하다.

이러한 상황중독 형성의 조건에 해당하는 사람이 적은 편이 아니다. 대부분의 사람이 이러한 상황중독에 걸려 있다고 할 수 있다. 양육자의 양육에 있어 어느 정도는 반드시 압박과 스트레스를 동반할 수밖에 없기 때문이다. 그 압박과 스트레스로 인해 **타자변형적 태도**alloplastic attitude에서 **자기변형적 태도** autoplastic attitude로 바뀌어야 한다. **자기변형적 태도**가 자신의 기준을 현재 상황에 맞게 바꾸어야 한다.

자기변형적 태도로의 전환과 비교기준의 조정은 동시에 일어난다. 하나의 본질이 가진 양 측면이라고 할 수 있다. 그 얘기는 타인의 기준에 맞춰 자신의 기준을 변형시키는 사람이라면 이

📋 **자기변형적 태도**

타인을 이용하거나 강제해서 자신의 문제를 해결하는 것이 아니라 자신이 바뀌어서 문제를 해결하려고 하는 태도이다. 이를 위해서는 문제의 원인이 자신에게 있다는 사고의 전환이 필요하다.

타자변형적 태도에서 자기변형적 태도로 바뀌는 것은 인간의 발달 과정에서 반드시 필연적으로 일어나야 하는 일이다. 양육자의 자연스러운 양육을 통해 점차 스스로 문제를 해결해 나가도록 하는 과정에서 자연히 습득된다. 욕구의 발달 관점으로 보면 확인욕구가 만들어지고 난 뒤 인정욕구가 만들어지는 과정에서 자연스럽게 발달하게 된다. 누군가의 인정받기 위해서 노력한다는 것 자체가 자기변형적 태도를 만드는 원인이 되기도 한다. 노력하는 만큼 인정받지 못할 경우에는 자기변형적 태도가 더 심해지며 자존감이 낮아지고 에너지 교환 비율이 떨어져서 번아웃 증후군이 오게 되는 원인이 된다.

미 비교기준의 하향 조정이 이루어졌다는 얘기다. 타인에 대한 기준을 먼저 생각하고 자신의 불편을 참을 줄 아는(그것이 당연하다고 생각하는) 사람이라면 대부분은 알게 모르게 상황중독에 걸려 있다는 얘기가 된다.

또 하나의 상황중독 형성 조건이라고 한다면 비교기준의 하향 조정이 된 상태에서 가끔 평범해질 때 수동적으로 느끼게 되는 +△만큼의 쾌감(에너지 변화량)에 대한 경험이다. 에너지 변화량은 오랫동안 견뎌왔던 고통에 대한 훌륭한 보상이다.

그리고 그 보상은 +△값이 크면 클수록 고통의 기간이 길면 길수록 커다란 쾌감으로 다가오게 된다. 그리고 그러한 쾌감의 경험은 아파체타만큼이나 고단한 삶을 잊게 하는 마약 같은 보상이다.

마지막 상황중독 형성 조건으로는 나중에 그 보상을 다시 받고 싶어질 때 사용하게 되는 매개체이다. 좁은 의미의 상황중독을 어렸을 때 느꼈던 것과 거의 같은 보상을 받기 위해 삶의 초기에 수동적으로 받았던 고통을 스스로 재현하는 '정서적 다이빙'으로 정의한다면, 넓은 의미의 상황중독은 그 누군가가 자신의 고통에 대한 보상 경험을, 고통을 통하지 않고 단순하게 비슷한 크기의 쾌감(+△값)을 발생시키는 여러 가지 약물과 알코올, 도박, 섹스 등의 매개체를 사용하는 형태를 포함한다고 할 수 있다.

그러므로 넓은 의미의 상황중독은 이른 시기에 반복적으로 느꼈던 한 쌍의 깊은 고통과 고통이 끝난 뒤 밀려오는 안도감(순간적인 쾌감과 그 쾌감에 대한 죄책감 역시 마찬가지다)에서 안도감만큼의 쾌감만을 재현하려고 하는 모든 행위로 정의할 수 있을 것이다. 그리고 그 행위에는 반드시 쾌감을 재현하려고 하는 데 사용되는 매개체가 존재할 수밖에 없는 것이다. 좁은 의미의 상황중독에서도 그 매개체가 고통과 보상을 유발하는 '과거와 동일한 상황'이라는 점을 고려한다면 모든 상황중독에서 빠질 수 없이 존재하는 것이 바로 이 매개체이다.

상황중독을 만드는 결핍감(불편감, 기분 나쁨)의 종류

'나'의 상황중독을 만드는 넓은 의미의 결핍감(불편감, 기분 나쁨)은 양육자로부터 받아야 할 양육이 부족해서 생기는(좁은 의미의) 결핍감. 양육자로부터 받고 싶지 않은 압박 때문에 생기는 압박감, 이러한 불편감이 전혀 없을 때도 나타나는 지루함(상황중독)을 들 수 있다.

여기서 하나 짚고 넘어가야 할 것이 바로 한국과 서양의 결핍감(불편감, 기분 나쁨) 차이에 따른 상황중독의 차이일 것이다.

결핍감을 두 가지로 나누어서 설명해 보자. 늘 받아오던 것이어서 받을 것이라 예상하며 기대하고 있는 상태에서 받지 못하는 경우와 원래 완벽하게 내 것이었던 것을 빼앗겼을 경우로 나누어 보자. 첫 번째 경우는 양육의 소홀이나 방임으로 일어나는 것이지만, 두 번째의 경우는 양육자의 직접적인 압박이나 학대로 인한 것이다.

받아야 할 것을 못 받았을 경우 느끼는 결핍감을 좁은 의미의 결핍감이라고 하자. 충분히 받아야 하는 것을 받지 못하는 것에 대한 결핍감이다. 방임이나 무관심에 가깝다. 또는 부족한 양육이라고도 할 수 있을 것이다. 그렇게 원래 받아야 했던 것을 받지 못하고 버려지는 상황에서 느껴지는 결핍감이다.
반면, 원래 '내' 것을 빼앗겼을 때라는 것은 양육자에 의해서 착취와 폭력을 당할 때일 것이다. 원래 '내' 것을 오랫동안 누군가에게 빼앗기는 경험이란 웬만하면 일어나기 힘든 경험이다. 그래서 굉장히 문제가 되는 특수한 환경에서만 일어나는 일로 여겨질 수도 있다. 물론 얼마든지 그런 상황이 존재하겠지만 일반적인 상황에서 '내' 것을 빼앗기는 느낌을 받는 상황도 많이 존재한다. 그리고 그런 일반적인 상황이 한국에서는 좀 더 자주 일어나는 일이 될 것이다. 그 일반적인 상황은 바로 '내' 뜻대로 '내' 삶을 살지 못하는 것에서 오는 압박감으로 느끼게 된다.

한국 양육의 특성상 피양육자의 상태를 미리 파악하여 피양육자의 필요를 사전에 제공해 주는 형식이라 할 수 있다. 대부분은 방임이라기보다는 과잉이며, 피양육자의 의사에 반한 과잉 공급일 때가 많다. 물론 시간이 지나다 보면 양육자가 알아서 챙겨준 많은 과잉 공급에 대해 나중에 고마워하고 감사하게 되는 경우도 있다. 그렇지만 그 당시에 피양육자로서는 자신이 원하지 않는 것을 억지로 하는 고역일 수밖에 없다.

그러니 가지고 있던 것을 뺏기는 형태의 결핍은 만약에 일반적인 형태로 일어난다면 양육자에 의해 내 의사에 반하여 일어나는 억압 말고는 거의 없을 것이다. 그전에 맛보았던 자유로움을 장기간 박탈당하는 결핍이라고 할 수 있다.

이 두 종류의 결핍감이 주로 한국과 서양의 양육에서 일어나는 결핍감의 차이라고 생각한다.

한국에서는 양육자가 많은 것을 미리 정하고 넘칠 정도로 제공해 주기 때문에 양육자의 스트레스가 큰 만큼 피양육자인 '내'가 느끼는 압박감도 더불어 커진다. 서양에서는 많은 것을 스스로 선택하고 스스로 책임을 지게 하므로 양육자의 스트레스도 덜하고 '내'가 느끼는 압박감도 덜하다. 반대로 한국에서는 양육자의 책임이 큰 만큼 많은 보살핌을 알아서 챙겨주는 경향이 있지만, 서양에서는 최소한의 양육 이상의 것을 기대하기는 힘들다.

그래서 결핍을 느낀다면 '내'가 느끼는 결핍의 종류도 한국과 서양이 차이가 날 수밖에 없다. 그리고 그 결핍감은 한국에서는 압박감으로, 서양에서는 좁은 의미의 결핍감으로 느껴질 것이다. 물론 대표적인 경향이 그렇다는 것이다. 한국에서도 서양식 양육으로 인한 좁은 의미의 결핍감 역시 많을 것이고, 서양에서도 부모의 양육 욕심으로 인한 압박감 역시 많을 것이다. 단지 그러한 경향이 왜 발생했는지 이유를 설명하기 쉽도록 한국과 서양의 양육으로 분류했음을 밝혀둔다.

이 결핍과 압박감은 서로 반비례하는 관계에 있다. 양육자가 '나'를 살뜰히 챙기면 챙길수록 양육자의 기대치가 높아지며 '나'는 그 양육자의 기대치에 압박받을 수밖에 없다(한국). 양육의 질이 떨어지면 떨어질수록 '나'는 자유로움을 느낀다(서양).

물론 양육자에 따라 양육의 질도 떨어지면서 압박감도 큰 최악의 양육 환경이 존재할 수도 있다. 이상적으로는 양육의 질도 높으면서 '나'의 압박감을 최소화해 줄 수 있다면 더할 나위 없을 것이다. 하지만 양육자가 완벽에 가깝거나 '치료되지' 않으면 그런 이상적인 양육은 기대하기 어렵다. 그리고 아무리 양육자가 완벽에 가깝다고 하더라도 압박감이 너무 없어도 문제가 된다. 적당한 압박감은 타인과의 관계 유지를 위해 타인을 배려하는 방법을 배우게 하기 때문이다. 또 상황중독의 불법적인 매개체 사용을 막는 것 역시 양육자로부터 받는 적절한 압박감이다.

이 두 가지의 결핍감에 속해있으면서도 전혀 다른 결핍감으로 느껴질 수 있는 것이 있다. 이것이 조금 특수한 상황을 만들기에 굳이 따로 다루어야 할 것으로 생각하게 되었다. 이 결핍감은 원래 받았던 것을 받지 못하는 것에 대한 결핍감으로 설명할 수 있다. 하지만, '받았던 것'이 좋은 양육에 의한 실체가 있는 것이 아니라 깊은 결핍을 받았던 것에 대한 부산물로 인해 쾌감이 느껴지는 것일 뿐이다. 즉, 고통받던 시기에 느끼던 안도감이라는 쾌감은 그 고통스러운 환경을 벗어나 정서가 안정된 후로 더 느껴지지 않는다. 그래서 원래 받았던 쾌감을 받지 못하고 있는 것 같은 착각을 하게 되며 그 착각을 결핍감으로 느끼게 된다.

그 결핍감(불편감, 기분 나쁨)은 지루함이다. 그러니 어릴 때 결핍감을 강하게 느껴 그것과 동시에 느꼈던 안도감이 강할수록 결핍이 없어졌을 때 사라지는 평범함 때문에 지루함도 강하게 느끼게 된다.

이 지루함은 양육자의 양육과 간섭이 줄어들어 '내' 인생이 평탄해졌을 때 느끼는 금단 증상이라고도 할 수 있다. (실제로 스트레스 호르몬에 대한 수용체 수준에서 일어나는 금단 증상일 것이라는 가설도 세울 수 있을 것이다)

상황중독에서 상태 변화량이 크면 클수록 결핍이 끝날 때 느껴지는 안도감의 순간적 변화량은 짜릿한 만족감으로 느껴진다. 압박감을 느끼다가 압박감이 풀릴 때의 순간적인 변화량은 해방감으로 느껴질 것이다. 그리고 지나고 나서 다시 생각해 보면 그 해방감은 쾌감에 가깝다. 그 상태를 반복하게 되면 순간적인 상태 변화량에서 느껴지는 쾌감에 대한 새로운 기대치가 형성된다.

결핍 상태에 놓여 있다가 평범함으로 복귀할 때 느끼는 반복적인 기분 상태 변화량이 기대치로 느껴지기 시작하며 일차적인 비교기준이 된다. 그 후 나이가 들어 성인이 된 후에 어린 시절 결핍 상태가 해소되어 기본적인 평범함이 유지되고 있는 상황에서는 현재 상태가 어디에 있든 상관없이 순간적인 상태 변화량(

상태 변화량
상태가 변하면서 나타나는 에너지 변화량

쾌감)을 (일차적인 비교기준만큼) 일정하게 느끼고 싶어 하는 이차적인 새로운 기대치 혹은 비교기준이 형성된다.

아무런 변화도 일어나지 않는 평범한 생활이 이어지다 보면 어린 시절 급격한 상태 변화로 느꼈던 안도감 혹은 쾌감을 다시 그 정도의 상태 변화량으로 재경험하고 싶어진다는 뜻이다. 그런데 현재 상태는 결핍이 해소되어 상태 변화량이 흔들릴 일이 없으므로 아무런 변화가 일어나지 않는 현재를 지루하게 느낀다.

현재 상태가 과거 변화량의 도착 지점에 도착하여 일차적인 기대치가 충족되었다고 해도 약간의 적응 시간이 지나다 보면 과거에 기대하던 상태를 이루었음에도 새로 생긴 순간적 상태 변화량의 기준을 이차적으로 다시 들이대는 것이다. 목표 지점에 도달하면 목표를 이루어 낸 역동성이 사라지므로 아무 일도 일어나지 않는 현실은 결핍이 심하여 역동적이었던 어린 시절에 비해서 오히려 다른 종류의 결핍감(불편감, 기분 나쁨)으로 인지되는 것이다.

바로 이 결핍감(불편감, 기분 나쁨)이 지루함으로 느껴지는 것이다. 이 지루함이 바로 성인이 되었을 때 일반적인 '내'가 느끼는 좁은 의미의 상황중독을 만드는 원인이다. 지루함이라는 결핍감을 해소하기 위해서 스스로 결핍이 심했던 시절의 결핍감에 뛰어든 후, 그 결핍감이 해소될 때의 상태 변화량을 에너지로 느끼고 싶어 하는 것이다. 그러므로 상황중독은 어릴 때 느꼈던 에너지의 역동성을 느끼고 싶어서 스스로 어린 시절과 비슷한 결핍 상태로 만들거나 또한 그때와 비슷한 상황에 스스로 뛰어들거나 그때와 비슷한 고통을 느끼고 싶어 자해라는 것을 하게 되는 것이다.

정리해 보자.
'나'의 상황중독을 만드는 넓은 의미의 결핍감(불편감, 기분 나쁨)은 양육자로부터 받아야 할 양육이 부족해서 생기는(좁은 의미) 결핍감, 양육자로부터 받고 싶지 않은 압박 때문에 생기는 압박감, 이러한 불편감이 전혀 없을 때도 나타나는 지루함(상황중독)으로 들 수 있다.

결핍감을 해결하는 방법으로 사용되는 상황중독

이 결핍감(불편감, 기분 나쁨)을 해결하는 방법에 대해서도 언급하고 넘어가자.
결핍감이 심한 사람이라면 결핍을 메워 줄 대리욕구에 얽매여 있는 삶을 살게 된다. 그런데 만약에 대리욕구조차 제대로 된 충족감이 느껴지지 않는 경우를 생각해 보자.

원래 기본적욕구에 결핍이 발생하면 그 결핍을 해결하기 위해 먼저 분노가 발생하고 그 분노가 제대로 문제를 해결하지 못할 경우나, 분노가 제대로 문제를 해결할 수 없는 상황일 경우, 분노는 억눌러지고 대리욕구인 상위욕구들(확인욕구, 직접인정욕구, 간접인정욕구)을 발생시킨다. 대리욕구를 사용하여 결핍을 해결하려고 한다. 기본적욕구의 결핍이 채워지지 않을 때 시각적 확인욕구가 늘어난다. 춥고 배고프고 졸릴 때는 그것을 대신 해결해 줄 누군가를 그리워한다(자신을 도와줄 사람이 옆에 없다는 사실에 누군가를 사무치게 그리워한다).

대리욕구

욕구의 발달 과정에서 하위욕구의 결핍을 예방하는 욕구로써 상위욕구가 발생한다. 한번 발생한 상위욕구는 발생한 시점에서 하위욕구를 대체하는 대리욕구가 된다. 하위욕구가 잘 채워지지 않는 상황에서는 더더욱 자신이 활용할 수 있는 상위욕구를 사용하여 욕구를 채우게 되는데 이렇게 되면 상위욕구는 하위욕구의 결핍 예방욕구로써의 역할보다는 대리욕구의 성격이 더 강하게 된다.
어린 시절의 가난과 고난을 보상받기 위해 열심히 자기 일에 매달리는 출세 지향적인 사람이 대표적인 예이다. 물론 상위욕구가 잘 채워지지 않을 때는 대신 욕구 충족이 쉬운 하위욕구를 대리욕구로 사용하는 경우도 흔하게 발생한다.
 밖에 나가지 않고 집에서 모든 생활을 해결하고 있는 은둔형 외톨이는 인정욕구가 채워지지 않아 수면욕과 식욕에 의존하여 살아가고 있다고 말할 수 있다. 이것은 하위욕구가 상위욕구의 대리욕구가 된 대표적인 예이다.

또는 누군가에게 직접적인 인정을 받으려 하거나(너무 외롭다 보면 아무라도 좋으니, 자신의 옆에 사람을 붙들어 두기 위해 애를 쓴다), 더 노력하지 않아도 지속적인 인정을 받을 수 있는 자격을 획득하려 한다(자신의 옆에 아무도 남아 있지 않은 이유가 자신에게 자격이 없거나 매력이 없어서라 생각하여 그 자격을 따기 위해 공부에 매진한다). 그마저도 여의치 않으면 이성 친구를 사귀면서 접촉확인욕구와 직접인정욕구인 애정욕구를 충족시키기 위해 노력한다(입맞춤이나 포옹에 집착하거나 때로는 성관계에 지나치게 집착하게 된다). 그리고 그런 애정을 더 잘 받을 수 있도록 자신의 성적 매력을 높이기 위해 애를 쓴다(몸매 가꾸기, 화장법, 성형에 관심을 두게 된다).

그런데 이런 대리욕구 마저 제대로 역할을 하지 못하여 결핍을 해결하지 못할 때는 어떻게 될까? 자신이 아무런 매력도 없다고 생각하거나 그런 매력을 가꾸기 위해 노력할 에너지가 없

📑 **시각적확인욕구**

기본적 욕구를 충족 시켜주는 양육자의 존재를 시각적으로 확인하고자 하는 욕구. 기본적 욕구가 불만족스러울 경우 기본적 욕구의 결핍이 생기는데 이 결핍을 예방하고자 하는 의도로 양육자의 존재를 확인하고자 하는 확인욕구가 발생한다. 양육자가 자신의 옆에 존재할 경우 이제 곧 기본적인 욕구가 채워질 수 있을 것이라 믿고 안심하게 된다. 이 안심이 새로 발생한 시각적 확인욕구의 만족감이 될 것이다.

다면 다시 결핍을 사용하여 직접적으로 부족한 부분을 채우려고 할 것이다. 오히려 기본적욕구가 상위욕구의 대리욕구로 사용된다. 기본적욕구로 돌아가 끊임없이 먹고 마시거나 하루 종일 잠만 자는 삶을 살게 되는 것이다.

그렇다면 만약 결핍마저도 제대로 된 기능을 하지 못할 때는 어떻게 될까? K심리학에서 말하는 3대 본능인자인 결핍, 분노, 욕구로도 문제(결핍)가 해결되지 않을 때는 어떻게 될까? 상황중독은 그런 상황에서 극적인 대타로 등장한다.

원래 욕구의 충족에는 만족감이라는 것이 발생한다. 그 만족감을 얻기 위해서 노력이 많이 투자되었을수록 만족감은 극대화될 것이다. 욕구의 만족감이란 실제로 심리적 에너지가 유

📋 접촉확인욕구

양육자의 존재를 확인하는 방법은 인간이 가지고 있는 오감 五感의 가짓수만큼 있다. 하지만 그중 임상적으로 의미가 있는 감각은 시각, 청각, 촉각 정도이다. 냄새나 맛으로 양육자의 존재를 확인하는 것은 영유아 혹은 학령 전기 등의 어린 나이일 때만 가능하다. 그중에 시각적 확인욕구와 거의 비슷하게 중요한 확인욕구가 접촉확인욕구이다.

양육자와 같이 접촉하고 있다는 것만으로도 자신의 기본적인 욕구를 충족시켜 줄 양육자가 자신의 옆에 존재한다는 것을 확인하게 된다. 눈을 감고 있거나 잠이 들기 전에도 접촉을 통해 확인할 수 있다. 그것만으로도 안심이 되는 것이다. 그리고 그 안심은 앞으로도 계속 느끼고 싶다는 욕구가 된다. 그것이 접촉확인욕구이다.

입되면서 생기는 실체화된 쾌감이다. 자신이 기대한 만큼 막대한 에너지가 들어왔기 때문에 발생하는 당연한 쾌감이다. 상황중독은 바로 이것을 이용하는 것을 말한다. 욕구가 충족되지 않았더라도, 그리하여 결핍은 아무것도 해결된 것이 없다 하더라도, 욕구가 충족될 때 느껴지는 쾌감만 느낀다면 마치 꿈에도 바라 마지않는 자신의 욕구가 충족된 것만 같은 착각을 얻을 수 있는 것이다. 그리고 이러한 잠깐의 착각이 자신의 문제(결핍)를 해결하는 유일한 해결책일 때 사람들은 이 상황중독에서 벗어나기가 힘들게 된다.

그렇다면 결핍을 좁은 의미의 결핍, 압박감, 지루함으로 나눌 때 이것을 해결하기 위해서 사람들이 일상적으로 사용하는 상황중독의 예들을 살펴보기로 하자.

📋 K심리학에서 말하는 3대 본능인자 결핍, 분노, 욕구
(K심리학 161쪽 참고)

본능인자

본능에 프로이트의 쾌락원칙을 변형하여 사용하게 되면서 원래 프로이트 학파에서 본능으로 사용한 리비도와 분노의 위치가 애매해졌다. 이에 본능을 지키기 위해 인간이 만들어내는 중간 단계의 관리자 정도의 역할이라는 뜻으로 '본능인자'라고 명명한다. 이 본능인자에 결핍을 포함시키고 리비도 대신 여러욕구들을 포함하여 본능인자를 결핍과 분노와 욕구로 정의하기로 한다. 프로이트의 리비도는 욕구 발달 과정에서 포함되는 욕구의 일 부분임을 얘기하는 것이다.

좁은 의미의 결핍감을 해결하는 방법으로 사용되는 상황중독

욕구의 만족을 얻으려고 할 때 있는 그대로 유지하지 않고 최대한 극대화하려고 하는 것도 결핍을 해결하는 데 상황중독을 쓰는 방식이다. 어떤 방식이든 순간적인 양(+)의 전위차를 극대화해 느끼는 방법으로 결핍감(불편감, 기분 나쁨)을 상쇄시키는 것이다. 물론 욕구 충족을 증폭하는 방식과 더불어 욕구 대신 순수하게 쾌락만 추구하는 방식 역시 존재한다.

 욕구 충족을 극대화하는 방식이란 욕구가 충족될 때 다른 욕구 충족을 합쳐서 욕구 충족을 중첩하여 사용하는 방법과 욕구가 충족되기 전에 결핍감을 주어 대비시키는 방법이 있다.

전자의 예로는, 영화관에서 재미있는 영화를 보면서 맛있는 팝콘을 먹거나 약간 기름진 치킨을 먹을 때 청량감을 주는 콜라를 같이 먹는 것 등을 들 수가 있다. 이런 예라면 일상생활에서 얼마든지 존재한다. 맛있는 밥을 먹으면서 핸드폰으로 재미있는 것을 시청한다. 게임방에서 게임할 때도 맛있는 음식을 같이 먹어야 한다. 푸짐한 식사상에는 반드시 반주가 곁들여지며, 만나서 좋은 친구들과 더 재미있는 것을 하기 위해 놀이 계획을 세우는 것들이다.

후자의 예로는, 단팥죽에 소금과 설탕을 같이 넣는 것을 들 수 있다. 설탕만으로 달게 하기에는 많은 양이 필요하지만, 약간의 소금을 넣음으로써 적은 양의 설탕으로도 단맛을 극대화할 수 있다.

만약 직장에서 프로젝트에 매달려 한 달간 고생해 왔다면 그 프로젝트가 끝남과 동시에 여행을 떠나거나 회식하면서 묵힌 스트레스를 날리는 일반적인 상황 역시 바로 이런 대비를 이용한 상황중독일 수 있다. 여행 역시 마찬가지다. 모든 일상생활을 전혀 낯선 곳에서 하게 되면서 느껴지는 대비를 통해 쾌감을 즐기는 경우이다.

압박감을 해결하는 방법으로 사용되는 상황중독

또 압박감이 심한 사람들이 느끼는 분노 또한 무시할 수 없다. 압박감이 심한 사람이라면 압박받는 데서 생기는 결핍감(불편감, 기분 나쁨)을 자꾸 분노로 발산하게 된다. 분노라고 하면 직접적인 대상에게 화를 발산하는 분노와 그 분노가 대상에게 좌절되어 다시 자기 자신에게 내는 분노로 나누어질 수 있을 것이다.

대상을 향한 분노는 항상 누군가에게 분노를 내기 위해 잔뜩 벼르고 있게 된다. 하지만 그 분노가 타당하지 않다는 것은 곧 알게 된다. 분노란 성숙한 인간의 해결 방법이 아니다. 미숙

하게 발산되는 분노는 부메랑처럼 돌아와 자신에게로 향한다. 대상에게 표현할 수 없는 분노라는 것 자체를 왜 만들었느냐고 자신을 스스로 타박하는 식이다. 결국 그 분노는 자기를 향해 쏟아지게 되며 더 큰 결핍감(불편감, 기분 나쁨)을 만든다.

분노는 참을 수밖에 없다. 분노를 참는 것이 스트레스라고 한다면 계속 쌓이고 있는 스트레스를 참아야 한다는 의미이다. 그리고 참아야 하는 스트레스는 정신적으로나 육체적으로 큰 압박을 주면서 긴장시킨다. 풀어낼 대상이 없는 화가 주체할 수 없이 쌓일 때 자기를 향한 분노나 비난이 더 커지면 압박감도 더 커질 것이다. 대상에 대한 분노가 커질수록 자신에 대한 비난도 커지고 동시에 스스로 느끼는 압박감도 더 커진다. 악순환이 형성되는 것이다.

결국 그 압박감을 다른 사람에게 피해를 주지 않고 풀기 위해 택하는 방법이 자해에 가까운 상황중독이 된다. 화가 나서 미친 듯이 폭음하거나, 혼자 처박혀 게임하거나, 미친 듯이 거친 운동하거나, 말도 안 되게 위험한 익스트림 스포츠를 즐기거나, 아슬아슬한 위험 속에 자신을 밀어 넣거나 실제로 자신의 몸에 자해하기도 한다.

도박중독, 약물중독, 알콜중독, 니코틴중독도 마찬가지다. 쾌감이 선행되고 고통이 뒤따른다는 것만 차이가 있을 뿐이다. 고통이 반드시 따른다는 것을 모르는 것이 아니다. 모른다고 해도 몇 번 경험만 한다면 반드시 깨닫게 되는 고통이다. 그러므로 고통을 무릅쓰고 자신을 쾌락에 몰아넣는 것이기 때문에, 이것 역시 상황중독의 일종이라고 할 수 있다. 그리고 이러한 매개체들 역시 주체할 수 없는 압박감을 해소하는 데 주로 사용되는 상황중독이다.

지루함을 해결하는 방법으로 사용되는 상황중독

과거에 상황중독을 몸으로 체험한 '내'가 성인이 되어 지루함을 느끼면, 상황중독에 의한 쾌감으로 지루함을 보상하고자 한다. 그리고 그 상황중독을 재현하는 과정에서 필연적으로 **정서적 잠수**(자신의 어린 시절 결핍을 재현하여 현재 아무런 문제가

📋 정서적 잠수

상황중독의 가장 중요한 특성으로 과거의 고통을 다시 재경험하기 위해 과거의 고통스러운 상황과 비슷한 상황에 다시 뛰어들거나 과거의 고통스러운 상황과 유사한 상황을 다시 만들어 뛰어드는 경우를 말한다.
고통스러운 정서를 재경험한 뒤에 느껴지는 안도감을 위해, 자신의 어린 시절 결핍을 재현하여 현재 아무런 문제가 없는 기분을 오히려 가라앉게 한다는 의미로 정서적 잠수라고 한다.

없는 기분을 오히려 가라앉게 한다는 의미로 정서적 잠수라고 표현할 수 있다.)가 일어난다. **정서적 잠수**를 통해 대리욕구만으로는 만족스럽지 않던 욕구 충족을 극대화해 보거나 내재해 있던 분노를 내부로 발산시키면서 해방감을 느낄 수도 있다. 거기에 강한 쾌감은 덤이 된다. (이때 동반하는 고통이나 괴로움, 자책감 등은 스스로 외면한다)

쾌락으로 지루함을 상쇄시키는 좀 더 직접적인 방법도 있다. 아침마다 대변을 보면서 소모되는 지루한 시간을 상쇄하기 위해 핸드폰을 보거나 누군가를 기다리면서 핸드폰 게임을 하는 것도 지루함을 상쇄하는 쾌락 추구라고 볼 수 있다. 식사하는 시간이 즐거운 사람들은 음식에 더 즐거운 것을 가중하기 위해 휴대폰을 보고 있기도 하겠지만 식사하는 시간이 지겨운 사람들 역시 그 지겨움을 상쇄하기 위해 휴대폰에 빠져들기도 한다. 늘 먹던 집밥이 지루해지면 좀 더 맛있는 음식을 원하고, 맛집을 찾아다닌다. 그것뿐만 아니라 일상생활 전반에 걸쳐 일어나는 취미활동과 레저 스포츠 역시 바로 이런 지루함을 상쇄시키기 위한 건전한 쾌락 추구라고 할 수 있다. 취미가 캠핑이라고 하면 그 캠핑을 하면서 맛있는 음식을 해 먹는 것이 바로 쾌락을 극대화하기 위한 경우라고 할 수 있다.

하지만 지루함을 해결하기 위해서 정서적 다이빙을 하는 사람들이야말로 진정한 의미의 상황중독이며 K심리학이 처음 좁은 의미의 상황중독이라는 개념을 만든 지점이기도 하다. 어린 시절 극단적 환경에 의해서 안도감을 쾌감으로 느껴버린 사람들은 그 쾌감의 존재가 비교기준이 되어 지루함이라는 결핍감을 느끼게 된 사람이라고 말할 수가 있다.

어린 시절에는 '내'가 무언가를 하지 않아도 가끔 거대한 안도감을 느낄 수가 있었다. 그 안도감으로 인해 환경에서 받고 있던 지난한 압박감들이 한 번에 쓸려나가는 해방감도 느낄 수 있었다. 그랬던 존재를 어른이 되어 환경의 영향력을 벗어났더니 전혀 느낄 수가 없는 것이다. 인생 속에 주기적으로 나타났던 그 거대한 안도감의 존재를 어떻게 잊을 수가 있겠는가! 그것이 사라진 인생은 정말 단팥 없는 단팥빵과도 같은 느낌일 것이다. 그렇다고 환경에 의해 만들어지던 안도감이다 보니 어린 시절 환경이 없어진 지금은 전혀 느낄 수도 없고 느껴진 적도 없다. 그러니 새삼 간절하게 그 안도감을 느끼기 위해 궁리하고 궁리할 것이다.

좁은 의미의 상황중독은 바로 그 없어진 환경을 스스로 만들어서 다시 그 환경 속으로 스스로 자신을 밀어 넣는 과정을 말한다. 그리고 자신이 만들어 낸 환경이므로 자신이 그 환경 속에서 받게 되는 고통을 적당한 시점에서 해소하여 안도감을 만들어 내려고 한다. 그렇게 만들어 낸 안도감으로 쾌감을 느끼면서 자신의 지루함을 해소하려고 하는 것이다.

이러한 정서적 다이빙, **정서적 잠수**는 모든 상황중독에 기본적으로 장착되는 가장 핵심 모듈이다. 넓은 의미의 상황중독들에는 모두 핵심부품으로 장착되어 있다. 스스로 고통스러운 환경을 만드는 방법에 따라 여러 가지 종류의 상황중독으로 나뉠 뿐이다.

어떻게 보면 이 상황중독은 어떤 방법으로도 문제(결핍)가 해결되지 않는 인생의 막다른 골목에서 사람들이 얻어낸 서글픈 쾌락이다.

아무런 문제가 없는 인간관계를 지루하다는 이유로 깨버리거나, 자신을 극단적인 상황으로 몰아넣거나, 과도한 성적 문란

📋 **경계선 인격장애**

인격장애 유형 중 하나. 학자에 따라 분류가 다를 수 있다. 원래 신경증보다는 심하고 정신증보다는 약하다는 의미에서 신경증과 정신증 사이의 경계선이라는 뜻으로 사용한다.

감정의 기복, 분노, 불안정한 대인관계, 낮은 자존감. 공허감, 이별 불안, 자해 또는 타인을 조종하기 위해 극단적인 자기 파괴행위를 하기도 한다. 충동적이며 변화무쌍하고 예측할 수 없다. 상대방을 이상화했다가 다시 평가절하하는 등의 행동, 순간적인 기분 변화, 폭력적 행동, 때로는 약물 중독이나 문란한 성적 행동도 나타난다. 이런 사람들은 대부분 어린 시절 학대의 경험이 있을 가능성이 높다. K심리학에서는 인간관계에서 받은 고통스러운 트라우마나 결핍으로 인해 발생한 것으로 판단하며, 인간관계를 이용하여 환경을 만들고 스스로 정서적 잠수를 하는 심각한 상황중독으로 여긴다.

에 빠졌다가 나오거나, 과도한 요구나 무리한 도발을 통해 스스로 긴장감을 만들고 다시 그 긴장감을 해소하면서 쾌락을 느끼는 **경계선 인격장애** 환자들도 이런 상황중독으로 설명할 수 있다. 그리고 그런 환자 중에 자신의 이율배반적인 행동에서 벗어나고자 하는 마음이 간절하다면, 그래서 치료하기 위해서 오래도록 노력해 왔다면, 이 상황중독 이론을 설명해 주는 것만으로도 빠져나오는 경우가 있다.

이렇게 여러 방법으로 욕구 충족을 극대화하여 쾌락을 느끼고자 하는 방법이나, 스트레스를 해소하기 위해서 쾌락을 찾는 방법이나, 그냥 심심해서 직접 쾌락을 추구하는 방법은 너무도 많다. 이를 모두 찾아서 일일이 나열하기에는 이 책의 지면이 모자랄 정도다. 그리고 이러한 모순된 인간의 행동으로 인해 가뜩이나 고통스러운 우리네 인생을 조금 더 꼬이게 만들고 있다. 그리고 그러한 모순과 역설, 이율배반이 마치 인생에 뭔가 중요하고도 대단한 큰 비밀이 있는 것처럼 보이게 만드는 주범이 되었다.

한국과 서양의 양육 환경에 따른 상황중독 형성의 차이

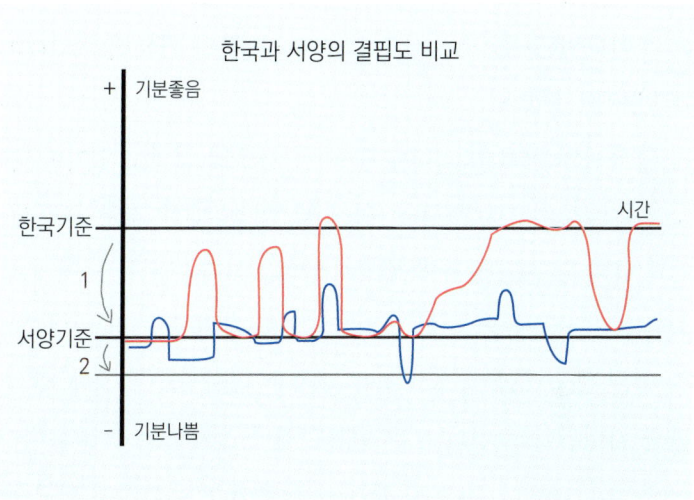

한국과 서양의 결핍도 비교

결핍감(불편감, 기분 나쁨)을 느끼는 비교기준의 관점에서 다시 언급해 보자. 이 비교기준은 하나의 가치관을 가진 공동체에서 양육 받았을 때 일반적으로 받을 수 있다고 기대되는 수준이 될 것이다. 그 기준은 가족마다, 지역마다, 나라마다 다를 수 있으며 한국과 서양이 다를 수가 있는 것이다.

한국의 비교기준은 서양보다 높을 수밖에 없지만, 서양의 기준보다 훨씬 더 깊은 비교기준 조정이 일어나고 있다. 한국 사회에서 '나'의 불편감은 양육의 질이 높을수록(양육자 기준) 압박감의 비중이 더 크고, 서양에서는 자율성이 커질수록 양육이 질이 떨어지면서 결핍감의 비중이 더 클 것이다. 어느 경우나 불편감은 클 수밖에 없다. 왜냐하면, 한국에서는 양육하는 쪽이나 받는 쪽이나 서로에게 비교기준의 기본적인 기대치가 있기 때문이다.

양육자의 양육이 기대에 못 미칠 경우의 결핍도 있지만, 양육자의 양육이 기대에 차고 넘칠 때 '나'에 대한 기대치가 '나'에게 압박을 주는 상황이 생기게 된다. "엄마 아빠는 너에게 부족함 없이 해줬는데 네가 우리한테 어떻게 이럴 수가 있니?"라는 말은 한국 드라마에서 자주 나오는 대사임과 동시에 해 준 만큼 기대한다는 것이 모든 인간관계에 존재하는 불문율이라는 것을 나타낸다. 그것을 깨는 순간 관계는 무너지게 되고 한국인들은 불행해지게 되는 것이다.

서양은 이러한 관계가 필요 없다. 부모 역시 최소한의 양육을 하며 '나' 역시 최소한의 기대만을 하게 된다(의식주와 신체적 안전을 제공한다). 자신의 이익을 추구하는 데에 관계를 살필 필요가 없는 것이다. 기본적으로 주어진 양육이 모자란 만큼 나머지는 '내'가 채워야 하는데 '나'는 결국 '내'가 행복한 방향으로 자신을 이끈다. 문제는 서양의 행복이 단순한 양의 전위차를 추구하는 방향으로 자리 잡게 되면 걷잡을 수 없는 쾌락의 바다에 빠져들게 된다.

양육의 비교기준이 높은 사회에서의 상황중독 형성

일반적으로 양육 받을 수 있다고 기대되는 일차적인 기준이 높을수록 상대적인 결핍감은 더 크고 압박감 또한 높을 수밖에 없다.

이런 양육 문화를 가진 곳에서는 양육자가 모든 것을 알아서 해주기 때문에 양육자의 뜻대로 양육을 받게 된다. 양육자가 정해주고 양육자의 판단 기준대로 양육해 준다면 그 기준이 아무리 좋은 것이라 하더라도 받는 '나'의 기분에 반할 경우가 많다. 양육자는 '나'의 미래를 위해 양육하기 때문에 현재의 '나'는 괴로울 수밖에 없다. 양육자가 정확하게 공정하게 '나'의 미래를 위해 좋은 것만 주기 위해 양육한다고 하더라도 그럴 것이다.

양육자의 결핍과 양육자의 분노, 양육자의 욕구가 '나'의 양육에 끼어들게 될 때 '나'의 괴로움이 커지는 것은 말할 것도 없다. 양육자의 양육이 기준에 훨씬 못 미치는 가정이라면 결핍이 훨씬 더 커진다.

시간이 지나면서 그 큰 결핍이 모두 분노로 바뀐다. 명백하게 질 좋은 양육의 기준은 미디어를 통해 너무 잘 알려져 있기 때문이다. 그 기준과 동떨어진 양육을 받고 있다는 자각이 든다면 '나'는 분노가 생긴다. 그리고 그 분노는 자기가 스스로 억눌러야 하는 짐이 되는 것이다. 그리하여 양육의 질이 높은 사회에서 자라는 '나'는 어떤 경우든 압박감이 높을 수밖에 없다.

양질의 양육을 받는 '나'는 순간순간 밀접한 양육(양육자가 최고의 양육이라고 생각하는 것을 양육자의 방식으로 제공하기 위해 대부분의 순간 아이를 지켜보고 간섭한다.)에서 벗어날 때 해방감을 느낄 것이다.

다른 사람과 어울려 살기 위해 억눌러 두었던 분노가 해소될 때나 억압에서부터 풀려날 때 모두 해방감을 느낄 것이다. 그 해방감이 기분 나쁨에서 기분 좋음으로 바꾸는 에너지 변화량, 순간적인 양의 전위차로 느껴지게 된다. '내'가 느꼈던 그 에너지 변화량이 크면 클수록 '나'는 자신의 감정의 상태가 어디에 있든 상관없이 경험과 기억 속에 남아 있는 그 에너지 변화량을 추구하게 된다.

그리고 방식은 자신에게 주어진 압박감을 푸는 방식으로 얻기 때문에 자신에게 익숙한 원래의 압박받는 상태로 돌아갔다가 그 상태를 해소하면서 생기는 에너지 변화량(기분의 상태 변화)으로 쾌감을 얻는 경우가 많다. 그렇기에 어렸을 때와 유사한 상황이나 어렸을 때 자신에게 압박감을 행사했던 사람과 유사한 사람을 통해 스스로 압박이 느껴지는 상태로 들어가게 된다. 그것을 앞에서 정서적 다이빙이라고 불렀다.

양육의 비교기준이 낮은 사회에서의 상황중독 형성

양육의 비교기준이 낮은 사회적 분위기가 있다면 '나'의 상대적 결핍은 거의 일어나지 않는다.

서양의 식사가 육류 위주이고 달콤한 디저트가 발달했으며 자극적이지 않고 칼로리가 많은 이유는 어렸을 때부터 자신이 먹고 싶은 것을 선택하는 문화이기 때문이다. 거기에는 아침부터 먹기 싫은 채소와 김치 젓갈 청국장 등의 발효식품을 먹으라고 강요하는 부모가 없다. 왜냐하면 부모도 부모의 부모에게 강요받은 적이 없어서다. 모든 음식에 자신이 뿌려야 할 드레싱을 선택하는 것과 자신이 절대 싫어하는 소스를 골라내는 것은 당연한 얘기다. 한국처럼 주는 대로 먹지 않는다. 어떤 어른도 어른이 먹는 대로 먹으라고 강요하지 않는다. 어른조차 아이들 입맛과 같기 때문이다.

아주 사소한 문제처럼 보이지만 중요한 문제이다. 양육자로서는 아침 메뉴에 대해 무엇을 먹일지 어떤 영양분을 섭취시킬지 크게 고민하지 않는다. 형편이 되는 대로 아침 재료를 놓고 아이들이 원하는 대로 먹이면 된다. 아침부터 초콜릿 시리얼을 달라고 한다면 주면 되는 것이다. 아침 메뉴로 아이들과 전쟁하지 않아도 되므로 평화롭다. 아이들은 크게 압박감을 받지 않은 채 살아간다. 자신이 무슨 결핍이 있는지도 느낄 수 없으므로 비교기준도 낮다.

만약 비교기준 자체가 생활 속에서 느껴지지 않을 만큼 일상이 평화롭다고 생각해 보자. 양육자 또한 양육에 대한 부담감이 적으며 '나' 역시 양육자의 압박감을 덜 느끼게 된다. '내'가 하고자 하는 행동에 별다른 제약이 따르지 않는다. 그렇게 되면 살아가는 모든 순간이 즐거움으로 가득할 것이다.

어린 '나'는 살면서 맞닥뜨리는 모든 상황이 처음 부딪히는 상황이므로 모든 상황에서 자극받는다. 양육자가 미리 제시하는 기준도 없고 제한도 거의 없으므로 모든 새로운 상황을 스스로 부딪치며 겪게 되는 것이다. 처음 부딪히는 상황이 즐거운 상황이었다면 '나'는 그 즐거움을 '기분 좋은' 상태 변화로 받아들이게 된다. 처음 부딪히는 상황이 괴로운 상황이라면 '나'는 그 괴로움을 '기분 나쁜' 상태 변화로 받아들이게 된다.

'내'가 하루하루를 살아가면서 느끼는 것은 미지의 세계를 탐험하는 것과 같다. 아무도 이것을 해라 저것을 하지 말라(한국에 비해서는) 크게 간섭하지 않는다. 위험에 대해 사전에 경고하기보다는 스스로 위험에 대해 깨달아가기를 기다리는 쪽에 더 가깝다. 그러기 위해서 '나'는 매일 모험을 하게 되는 것이다.

만약 운이 좋아 모험의 결과로 큰 성취감을 맛볼 수 있었다면 그것만큼 '기분 좋은' 상태 변화는 없을 것이다. 만약 운이 나빠 실패했다고 하더라도 '기분 좋은' 상태 변화를 추구하기 위해서는 반드시 지고 나가야 할 위험부담 정도로 인식하게 된다.

혹시 실패에 빠져 힘들다고 하더라도 그것을 담담히 받아들이면서 계속 모험을 추구하여 성공을 이루어 냈다면 실패에 대한 '기분 나쁨'을 딛고 이루어 낸 '기분 좋음'이므로 '기분 좋음'이 갑절이 되는 것이다. 그래서 그 '기분 좋음'을 더 가치 있게 여기게 된다.

모험하다가 실패해도 '나'의 선택이며, 성공해도 '나'의 선택에 의한 결과이다. 거기에는 양육자가 제시한 어떠한 기준도 없는 것이다. 모험과 도전이 양육자의 압박일 리도 만무하다. 모든 것은 자신의 선택이다. 좀 더 '기분 좋기' 위한 선택인 것이다.

문제는 인생 초기 이러한 경험을 하게 되면 이 경험으로 인해 새로운 기준이 생기게 된다. '나'의 경험에서 새로운 것에 도전하여 성공하였을 때 주어지는 순간적인 '기분 좋은'(에너지) 느낌이 새로운 기준이 되는 것이다. 그 기준에 비해 순간적인 양의 에너지 변화량이 없을 때, 그것을 결핍으로 인식한다고 생각된다.

그리고 이 결핍을 채울 새로운 욕구가 발생하게 된다. 아무런 일도 일어나지 않는 상태에서 아무런 에너지의 변화가 발생하지 않는 것을 결핍으로 인식한다는 뜻이다. 비교기준은 과거의 경험에서 느꼈던 에너지 변화에 대한 느낌이 될 것이다.

그래서 발생하는 결핍을 '나'는 똑같은 본능으로 처리하게 된다. 결핍이 발생하였으므로 분노를 만들고 그 분노로는 결핍이 채워지지 않으므로 '내'가 직접 순간적인 에너지 변화량을 추구하는 욕구가 발생한다. 그리고 아무것도 주어지지 않는 백지상태에서 '내'가 순간적인 에너지의 변화량을 추구해 가는 과정에서 발생하는 이 욕구의 순수한 형태를 호기심이라고 부를 수 있을 것이다.

이 책은 한국인을 위한 책이므로 그 욕구를 상황중독이라는 범주에 포함해 다룰 것이다. 대부분의 한국인은 에너지의 변화량을 순수한 형태로 제공받지 못하기 때문에 따로 호기심으로 다룰 필요성을 느끼지 못하기 때문이다.

한국인들은 늘 관계라는 늪에 빠져 있어 호기심이 생겼을 때 항상 주변의 시선을 신경 쓴다. 대부분의 호기심은 어린 시절 양육자에 의해 좌절된다. 어른이 되었을 때 역시 호기심은 항상 관계에 분란을 일으키는 역할을 하게 된다. 해보지 않은 미지의 영역에 대한 호기심은 주로 하지 말아야 할 사회적·도덕적 규범에 따라 제한되고 있기 때문이다.

그래서 순간적인 에너지 변화량을 추구하는 방법을 다르게 처리할 수밖에 없다. '내'가 일상을 살아가는 과정에서 느끼는 여러 가지 욕구들과 결합해 느끼게 될 수밖에 없다. 늘 관계라는 압력이 존재하므로 그 관계를 유지하기에는 일정한 에너지를 항상 소모하게 된다. (의식적이든 무의식적이든 '기분 나쁜' 상태를 참는다는 뜻이다) 항상 에너지가 소진되어 있어 그 에너지를 여러 가지 욕구로 다시 채우는 과정에서 얼마만큼 극적으로 채울 것인가의 문제가 중요해지는 것이다.

다시 말해 결핍이 발생하면 결핍을 스스로 조금 더 과장하고 욕구를 채울 때 조금 과장해서 채우면서 에너지 변화량을 극대화하는 방법을 쓴다. (간단한 예를 들면 배가 고플 때 이왕이면 매콤한 음식을 먹는 것을 들 수가 있다. 배가 고픈 결핍을 느끼면 매운 통증으로 결핍을 조금 더 과장하고 달콤한 맛으로 만족스러움을 강조한다. 같은 음식이라도 상태 변화를 극단적으로 강화하는 음식을 고르는 것이다.)

만약 서양인을 위한 책이 된다면 그 욕구를 호기심이라는 새로운 범주로 다루어야 할 것이다. 확실하게 말할 수는 없지만, 서양인들은 어렸을 때부터 최소한의 위험을 배제한 뒤 그 최소한의 안전 내에서 아이가 스스로 하고 싶은 것을 마음껏 하게 두는 것으로 보인다. 최소한의 부담만 지면 되므로 그 최소한의 부담마저 소홀히 할 확률도 떨어진다. 그 최소한의 부담만큼은 양육자들이 제대로 지킨다는 뜻이다.

한국의 양육자들은 이미 아이와의 관계가 너무 밀접하므로 조금의 위험이라도 허용하지 않으려고 한다. 하지만 그만큼 부담이 커지므로 그만큼 소홀해질 확률도 높다. 오히려 아이의 행동에 제약만 잔뜩 걸어두고 지치면 화를 내는 것이다.

　서양(모든 서양을 하나로 묶어 버린 것은 이 책의 중대한 결점이기도 하다.)의 양육자들은 아이가 처음부터 스스로 조금씩 세상을 탐구해 나가는 것의 즐거움을 잘 알고 있는 듯하다. 그리고 누구도 그 즐거움을 빼앗을 권리가 없다고 생각한다. 그래서 새로운 것에 대한 도전과 미지의 세계에 대한 탐험이 인간이 가진 가장 숭고한 본능이라고 여긴다. 그것을 인간이 가진 본능의 본질이라고 본 것이다.

　상황중독은 그렇게 복잡한 개념이 아님에도 지금까지 서양의 철학과 문학, 심리학, 사회학에서 따로 분리해 내지 못한 이유는 그것 자체를 인간의 본능이라고 보았기 때문일 것이다.

4. 상황중독의 종류와 임상적 의미

상황중독1형

상황재현형
현재 당하고 있는 고통이나 압박감이 없음에도 불구하고 순간적인 양의 에너지 변화를 느끼기 위해 스스로 상황을 변화 시켜 음의 에너지 변화를 무의식적으로 재현하는 경우다.

아파체타형
현재 당하고 있는 고통이나 압박감을 조금이나마 덜기 위해 조금 더 고통이나 압박감을 스스로 당했다가 해소하는 경우다. 해소되지 않는 압박감을 잠깐이나마 해소한 것처럼 자신을 속이는 것이다.

위험추구형
위험한 행동을 하면서 느껴지는 스릴을 쾌감으로 사용하는 것이다. 위험한 행동을 한다는 것은 언제든지 크게 다치거나 엄청난 고통을 당할 수가 있는 가능성이 있는 행동을 스스로 하는 것이다. 그 행동을 한 뒤에 그런 위험 없이 안전하게 일이 끝났다는 안도감이 느껴지면 자신이 짊어졌던 위험이 대비가 되어 더 급격한 쾌감을 느끼는 것이다.

매개체형
순간적인 양의 에너지 변화를 느끼기 위해 약물이나 도구를 사용하는 경우다.

참전용사(베테랑veteran)형
매개체형의 특수한 형태로 볼 수 있다. 현재 당하고 있는 고통이나 압박감을 덜기 위해 상황을 재현하기보다는 매개체를 쓰는 경우를 말한다.

상황중독 1형

상황재현형

　상황재현형은 상황중독의 가장 기본적인 형태이다. 이것을 잘 나타내는 사자성어를 들자면 '고진감래 苦盡甘來형'이라고 할 수 있다. 고진감래라는 것은 사람이 살아가면서 반드시 겪을 수밖에 없는 경험이기 때문에 누구나 겪는 상황이다. 그러므로 사람이라면 반드시 상황재현형 상황중독에 걸릴 수밖에 없다는 뜻이기도 하다. 그 정도의 차이만 있을 뿐이다.

　이것은 상황중독의 가장 단순하고 기본적인 형태이다. 고통을 참은 끝에 오는 안도감을 쾌감으로 인식하게 된다. 그래서 다시 쾌감을 느끼고 싶다면 스스로 고통을 자청하고 고통을 참은 끝에 오는 쾌감을 즐기려고 한다. 자신에게 익숙한 고통을 추구하게 되므로 상황재현형이라고 부르기로 한다.

　정리하자면 가장 먼저 고진감래 경험을 통해 감래 甘來라는 쾌감에 익숙해지면 쾌감을 다시 얻으려는 방법으로 단순한 동형반복인 괴로운 상황을 스스로 자청하게 된다. 그리고 이것이 상황중독의 가장 기본적 형태이며 좁은 의미의 상황중독이라고 한다. 그 후 다른 방법들이 상황에 맞게 개발되는 형식이다. 그런 상황중독의 역동적인 변화량에 취해 있다가 삶에 아무런 일도 일어나지 않을 때 느끼는 권태를 상황중독의 금단 증상이라고 할 수도 있을 것이다.

그 권태를 극복하기 위해서 고통이나 위험을 자초하는 모든 행위가 상황재현형 상황중독에 해당한다고 할 수 있다.

현재 당하고 있는 고통이나 압박감이 없음에도 불구하고 순간적인 양의 에너지 변화를 느끼기 위해 스스로 상황을 변화시켜 음의 에너지 변화를 무의식적으로 재현하는 경우다.

조금 극단적으로 말하자면 '나'는 아무런 문제가 없고 심지어 행복하기까지 한데 따분하고 심심해서 자기 파괴적인 행위를 통해 약간의 자극적인 쾌감을 얻고자 한다는 뜻이다. 가장 대표적인 예로는 심심할 때 먹는 매운 음식이라고 할 수 있다. 위장이 버텨주는 한도에서는 가장 위험도가 낮은 자기 파괴행위이다. 운동 역시 건강을 담당하는 부분을 넘어서는 순간 상황중독이라고 봐야 한다. 또 나쁜 남자나 나쁜 여자에게 더 성적 매력을 느끼고 끌리는 부분도 같은 맥락이다. 자신을 위해주고 아껴주고 지고지순한 상대에게는 별 매력을 느끼

> 고진감래
> 苦盡甘來
> 쓴 것이 다하면 단 것이 온다는 뜻으로, 고생 끝에 즐거움이 옴을 이르는 말.

지 못한다. 에너지가 들어오는 변화량이 다를 수밖에 없기 때문이다. 대부분 상황에서 나쁜 사람이지만 가끔 좋은 사람이 될 때 느껴지는 에너지 변화량이 훨씬 크기 때문에 쾌감이 극대화된다.

아파체타형

페루에는 산길 곳곳에 아파체타 Apacheta라는 돌무더기가 있다. 그 돌무더기는 무거운 짐을 지고 가는 짐꾼들이 잠시나마 무거움을 잊기 위해 짐과 돌을 같이 지고 가다가 돌을 던져놓고 조금은 홀가분해진 마음으로 갈 길을 가는 장소라는 것이다.

두 번째 아파체타형은 사자성어로 표현하자면 이열치열 以熱治熱형이라고도 할 수 있다. 아파체타형은 모든 면에서 상황재현형의 상황중독을 바탕에 깔고 있다. 그런데 상황중독의 추구 이유가 조금 다르다. 상황중독의 짜릿함에 비해 현재가 너무 심심해서 상황을 재현하는 것이 상황재현형이라면, 현재가 너무 힘들고 고통스러워서 현재의 고통을 잊기 위해 조금 더 고통스러운 상황을 재현하는 것이 아파체타형이다. 큰 스트레스를 받고 있을 때 그 스트레스에 대응하는 방법으로 예전에 힘들었던 상황을 재현하는 것이다. 다르게 말하면 현재 당하고 있는 고통이나 압박감을 조금이나마 덜기 위해 조금 더 고통이나 압박감을 스스로 당했다가 해소하는 경우다. 해소되지 않는 압박감을 잠깐이나마 해소한 것처럼 자신을 속이는 것이다.

아파체타형 상황중독이야말로 상황중독의 가장 보편적인 형태이다. 고통을 이겨내기 위해 순간적인 기분 좋은 변화(양+의 에너지 변화)를 추구한다는 것이 상황중독의 핵심 내용이며 아파체타형이 그 내용을 가장 잘 표현하고 있기 때문이다.

양의 에너지 변화는 아무런 대가 없이 그냥 주어지지는 않는다. 거기에는 반드시 에너지가 투입되어야 한다. 만약 외부적인 에너지가 투입될 수 없는 상황이라면 양의 에너지(+) 변화가 발생할 수 없다. 아파체타의 위대한 발명은 거기서 생겨난 것이다.

'내'가 외부적인 에너지를 받을 수 없는 상

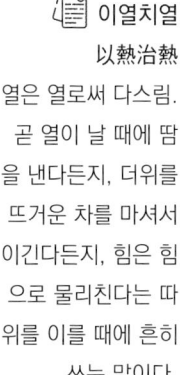

이열치열
以熱治熱
열은 열로써 다스림. 곧 열이 날 때에 땀을 낸다든지, 더위를 뜨거운 차를 마셔서 이긴다든지, 힘은 힘으로 물리친다는 따위를 이를 때에 흔히 쓰는 말이다.

황에서 절대 얻을 수 없지만, 또 가장 필요한 것이 양의 에너지 변화량이다. 그러므로 '나' 스스로 음(-)의 에너지 변화를 만들고 스스로 해소하는 순간의 양의 에너지 변화를 느끼는 것이다. 순간적인 양의 에너지 변화를 추구하는 데 필요한 음의 에너지 변화는 무시한다. 그러기 위해 무의식에서 처리하게 되는 것이다.

스트레스가 많아서 고통스러울 경우 자신을 자해하는 행동으로 고통을 해소하려고 하는 경향이 대표적이다.

무거운 짐을 지고 가면서도 그 무거움을 잊기 위해 무거운 돌을 하나 더 드는 것이다. 상황재현형에서 사용했던 모든 방법을 스트레스 해소를 위해 쓴다면 바로 그것이 아파체타형이다.

그래서 일상적인 생활 속에서 사용하는 대표적인 한국인들의 아파체타형 상황중독은 스트레스받을 때 먹는 매운 음식일 것이다. 눈물 콧물을 쏙 빼가면서 먹는 매운 떡볶이, 마라탕, 라면, 짬뽕은 그 자체로 스트레스를 시원하게 날려주는 느낌이다. 그리고 스트레스받을 때 스트레스를 날리기 위해 하는 격렬한 운동 역시 아파체타형 상황중독일 것이다.

하지만 이런 상황중독이 조금 병적으로 발달할 수도 있다. 예를 들어 스트레스받으면 머리카락을 뽑거나(발모광 tricotillomania), 손톱이나 손톱 주위 굳은살을 물어뜯는 경우를 들 수가 있다. 스트레스를 받으면 머리카락을 뽑고 살을 뜯을 때 느껴지는 재미를 통해 스트레스를 견뎌내려고 하는 것이다.

재미란 곧 기분 변화인데 기분 변화를 위해서는 아무것도 하지 않는 것보다는 무엇인가 행동해야 하므로 스스로 고통을 느끼는 방법을 사용하는 것이다. 물론 처음에 시작할 때는 굳은살이 제거되는 것에 흥미를 느꼈을 수도 있겠지만 가끔 실수로 생살이 찢어지는 고통을 맛보게 되면서 조금 더 감정의 변화를 큰 폭으로 느끼게 된다는 것을 깨닫는다. 점점 굳은살을 제거할 것이 없는데도 생살을 제거하면서 동일한 감정을 느끼고자 하게 된다. 재미가 있다면 고통은 무시할 수 있다. 틱 tic이나 다리 떨기 등도 같은 기전으로 여겨진다.

상황재현형과 아파체타형의 차이

상황재현형은 아파체타형과 거의 같은 것으로 보면 된다. 하지만 두 가지 면에서 차이가 있는데 첫째는 발생하는 방식의 차이이고, 둘째는 상황중독을 사용하는 방법의 차이이다.

(1) 발생 방식의 차이

원래 상황재현형 상황중독은 고통, 즉 결핍에 대응하다가 만들어졌다. 고진감래에서 유래한 것이다. 괴로움을 통해 고통을 견디다 보면 자연스럽게 즐거움이 온다는 것을 경험적으로 알게 된다. 그런 경험이 잦으면 잦을수록, 견뎌야 할 고통이 깊으면 깊을수록 즐거움이 주는 달콤함을 몸으로 새기게 된다. 처음에야 즐거움을 의식하지 못한다. 즐거움보다는 고통이 끝났다는 생각만 할 뿐이다. 하지만 고통이 끝났을 때의 희열이 바로 감래인 것이다. 그래서 아무런 변화도 없는 현실에서 문득 '감래'가 그리워진다면 자동으로 '고진(괴로움)'을 떠올릴 수밖에 없는 것이다. 그리고 떠올린 괴로운 상황으로 들어가는 것을 망설이지 않는 것이다. 이렇게 상황재현형은 환경 속에서 환경에 의해 어쩔 수 없이 수동적으로 습득이 된다.

반면, 아파체타형 상황중독은 바로 고통만 느껴야 하는 현실을 견디기 위해서 자신이 확실하게 알고 있는 '감래(즐거움)'를 부르는 방법인 '고진(괴로운 상황)'을 능동적으로 하는 것이다. 이 방법을 사람들은 결핍을 대하는 또 다른 대응 방법으로 쓰고 있다고 할 수 있다. 사자성어를 사용하여 설명하자면 고진감래에서 얻어진 상황중독을 이열치열로 사용하는 것과 같다. 상황재현형 상황중독을 오히려 다른 고통을 참는 데 쓰게 되면서 아파체타형이 되었다는 뜻이다.

이런 아파체타형 상황중독을 욕구 발생과 관련하여 설명하면 다음과 같다.

결핍으로 인해 분노가 만들어지고 그 분노가 제구실하지 못하게 되면 그다음 단계인 대리욕구를 찾아 나선다. 자신이 만들어 낸 욕구 중에 가장 효율이 높고 손쉽게 채워질 수 있는 욕구를 찾는다.

하지만 때로 인생에서는 '나'의 뜻과 상관없이 그마저도 여의치 않을 때가 많다. 여러 욕구를 통해 에너지를 얻고자 하는 모든 시도가 좌절될 경우가 생길 수 있다. 그리고 그런 상황은 꽤 자주 발생한다.

이런 경우도 '나'의 무의식은 그대로 포기하지 않는다. 전혀 새로운 방식으로 욕구불만을 해소할 수 있는 전혀 다른 새로운 방식을 찾기 시작한다. 욕구를 충족했을 때 생기는 만족감을 욕구가 충족되지 않았음에도 마치 충족된 것처럼 꾸며서 느끼게 하는 것이다.

그것이 쾌감을 추구하는 상황중독이며 그 쾌감을 통해 현재의 고통을 마치 해결했을 때 생기는 쾌감인 것처럼 자신을 속이는 것이다. 그러면 잠시나마 현재의 결핍이 채워지는 것처럼 느껴진다. 현실의 고통이 실제로 해소되는 것처럼 느껴져 시름을 잊을 수가 있다.

어떻게 보면 상황중독은 모든 대리욕구가 듣지 않을 때 발생하는 가짜 대리욕구, 대리욕구의 대리욕구, 최후의 대리욕구라고 할 수 있을 것이다. 그렇게라도 해야 숨을 쉴 수 있다고 여기기 때문이다. 그래서 여전히 결핍이나 고통에서 살고 있고 그 상황을 반전시킬 수 없을 때 주로 사용하게 된다. 아파체타형 상황중독은 인생의 막장에서 모든 노력과 시도가 실패로 돌아간 사람들이 숨 쉬며 살기 위해 벌이는 마지막 몸부림이라고도 할 수 있다.

(2) 사용 방법의 차이
　ⓐ 상황재현형의 사용 방법
상황재현형은 이미 결핍이나 고통에서 벗어나 평범한 생활을 사는 사람들이 걸리는 상황중독이다. 상황재현형 상황중독은 과거에는 고통스러운 경험이 있었으나 현재는 객관적인 고통을 느끼지 않고 결핍이 전혀 없을 때 발생하는 상황중독이다.

　하지만 객관적인 상황에 아무런 결핍이 없다 하더라도 주관적인 결핍은 발생한다. 이미 과거에 상황중독 속에 놓여 본 '나'는 '쾌감'(에너지 변화량, 또는 +△값)만은 기억하기 때문이다.

　원래 쾌감(에너지 변화량)은 결핍이 해소되는 순간에 발생한다. 그것이 당연한 얘기다. 하지만 결핍이 해소되는 순간에 발생하는 에너지 상태 변화량은 유통 기한이 존재한다.

　예를 들어 폭력적인 아버지 밑에서 고통받다가 간신히 독립한 젊은이가 있다고 하자. 처음 독립한 지 얼마 되지 않았을 때는 자신의 기나긴 고통에서 벗어난 해방감으로 인해 매일 쾌감(양의 에너지 변화량)을 느꼈을 것이다. 하지만 얼마 가지 않아 자신의 독립을 일상생활처럼 받아들이면, 그러니까 예전에 압박받던 고통의 일상이 아니라 해방된 일상이 당연하게 느껴지기 시작하면 에너지 비교기준이 한번 재조정된다. 이제는 아무런 고통 없는 일상이 당연하게 여겨지는 것이다. 그렇게 되면 더 이상 쾌감(양의 에너지 변화량)을 느끼지 못하게 된다.

누구나 결핍이 해소되면 지속적인 쾌감을 느낄 것이라 예상하고 기대하지만, 한 번 결핍이 해소 상태가 되고 그것을 당연하게 여기는 순간 상태 변화량은 발생하지 않는다. 전압차를 유지하던 건전지에서 전압 차가 없어져 버린 '폐' 건전지가 되는 것이다.

하지만 '나'는 결핍이 해소'된' 상태를 유지하면 해소 상태에 도달하는 일회성의 '순간'만이 아니라 유지되는 내내 언제나 그 상태 변화량이 동반될 것이라고 착각한다. 그리고 그것을 간절히 바라는 것이다. 그 착각이 주관적인 결핍을 만들어 내는 주관적인 기준이 된다. 객관적 결핍이 해소'된' 상태에서 당연히 느껴져야 할 상태 변화량이 더 이상 동반되지 않는다면 그것을 또 다른 주관적 결핍으로 느끼게 되는 것이다.

중독적인 용어로 말하면 그것은 금단 증상이다. 원래 들어오기로 되어 있던 약물이 들어오지 않는다면 원래 들어올 것으로 예상하여 모든 신체적 평형이 맞추어져 있는 상태가 깨어지면서 다시 평형 상태로 되돌리고자 하는 생리적 반응이 생기는 것이다. 그 생리적 반응의 신체적 증상이 금단 증상이다.

그 평형 상태를 돌리고자 하는 욕구가 심리적으로 발생하면 그것이 새로운 주관적 결핍인 심리적 금단 증상이 된다. 그 새로운 주관적 결핍에서 그 결핍을 메꾸고자 하는 새로운 욕구가 생기는데 그 욕구가 심리적 에너지 변화량에 대한 욕구이며 그것을 **상황재현형 상황중독**이라고 부르기로 한다.

예를 들면 아무것도 하지 않고 있을 때 느껴지는 불안과 초조, 재미있는 일을 해야 할 것 같은 압박감이나 강박, 또는 재미있는 일을 하지 못해서 생기는 결핍감이나 불행감을 들 수 있다.

사귈 가능성이 없었던 이성과의 교제가 시작된 순간만큼 짜릿한 느낌이 드는 것은 없을 것이다. 하지만 그 느낌이 그 이성과 계속 교제하는 기간 내내 지속되는 것은 아니다. 사귀는 상태가 되어 있으면 그 느낌(에너지 변화량, 사귀기 어려운 상대를 사귀는 상태로 바꾸는 순간 생기는 기분 변화)이 계속 생길 것이라고 착각한다. 그래서 생기는 (에너지 변화량의) 기대치보다는 이미 사귀는 상태가 되어 있으므로 에너지 변화량은 크게 없다.

기대치만큼 에너지 변화량이 생기지 않으므로 결핍이 생긴다. 짜릿함을 느낄 기회가 박탈되었기 때문에 기분이 나빠진다. 그래서 다시 기분이 좋아질 가능성을 얻기 위해 이미 사귀고 있는 이성과 헤어지는 것이다. 그러고는 다시 새로운 연애 대상을 물색한다.

만약 이미 결혼하여 배우자와 헤어지는 것이 어려울 때는 헤어지지는 않더라도 새로운 연애 대상을 물색하여 기존의 식상한 애정 관계를 환기하려 한다. 들켰을 때 감당이 되지 않는 위험을 안고 하는 연애이므로 짜릿함은 배가 된다.

만약 처음 결혼할 때 수많은 난관을 뚫고 천신만고 끝에 결혼하게 될수록 배우자가 외도할 가능성이 크다고 할 수 있다. 이미 강력한 에너지 변화량을 맛보았기 때문이다. 결혼의 턱이 높으면 높을수록 성취하는 순간 느꼈을 에너지 변화량(기분 좋음)은 어마어마했을 것이다. 그 짜릿함이 강렬하면 강렬할수록 그 짜릿함을 재경험할 유일한 가능성은 (그 결혼을 깰 수도 있는 위험성을 안고서 느끼는) 외도의 스릴 밖에는 없는 것이다.

ⓑ 아파체타형 사용 방법

아파체타형은 바로 이 상황재현형 상황중독을 '내'가 현재 고통스러운 상황에 처해 있거나 현재 모든 욕구가 막혀 있어 욕구불만일 때, 즉 스트레스 상황일 때 상황중독을 능동적으로 사용하여 스트레스를 조금이나마 해소하려고 하는 것을 말한다.

고단한 하루를 보상하기 위해서 술자리를 즐기거나 친구를 만나는 것도 아파체타형이 포함된 상황중독이다. 위에서 언급된 발모광이나 손가락 굳은살 물어뜯기도 마찬가지다. 대부분 그런 사람들은 스트레스받으면 더 심해지는 경향이 있다. 만약 극도의 스트레스를 받을 때마다 손목을 칼로 긋거나 다른 신체 부위를 자해하는 경향이 있다면 그것이야말로 전형적인 아파체타형 상황중독일 것이다.

또 상황재현형에서 들었던 예들이 그대로 스트레스 상황에서 스트레스를 해소하기 위해 능동적으로 이루어진다면 그것이 바로 아파체타형 상황중독이 되는 것이다. 그래서 상황재현형이 가장 기본적인 상황중독이지만, 아파체타형은 가장 보편적인 상황중독이다.

위험추구형

위험추구형이란 위험한 행동을 하면서 느껴지는 스릴을 쾌감으로 사용하는 것이다. 위험한 행동을 한다는 것은 언제든지 크게 다치거나 엄청난 고통을 당할 가능성이 있는 행동을 스스로 하는 것이다.

그 행동을 한 뒤에 그런 위험 없이 안전하게 일이 끝났다는 안도감이 느껴지면 자신이 짊어졌던 위험이 대비가 되어 더 급격한 쾌감을 느끼는 것이다. 자신의 신체적인 건강이나 경제적인 재산, 사회적인 지위나 정서적인 안녕을 걸고 위험을 지는 것이기 때문에 소위 말하면 미친 짓이라고 봐야 한다.

예를 들어 자신의 신체적 건강을 담보로 하는 극단적인 익스트림 스포츠부터 시작해서 재산을 담보로 하는 도박, 사회적인 지위나 신체적인 자유를 거는 도벽, 바바리맨(노출증 환자), 공공장소에서의 성적 행위, 정서적인 안녕을 거는 불륜 등의 행위를 들 수가 있다. 보통 사람들은 하지 못하는 그야말로 극단적인 형태가 바로 위험추구형이라고 할 수 있다.

매개체형

순간적인 양의 에너지 변화를 느끼기 위해 약물이나 도구를 사용하는 경우다.

이 경우 음(-)의 에너지 변화는 양(+)의 에너지 변화 뒤에 발생하게 되는 데 그것을 예상하지만 무시한다. '내'가 매개체를 사용하여 얻는 즐거움만 의식하고 집중한다면 그것은 매개체형이라고 할 수 있다.

하지만 매개체를 사용하여 쾌감을 얻고 나서 느껴지는 고통을 어떤 형식으로든 느끼고 있다면 바로 그 순간 매개체형은 더 넓은 의미의 상황재현형이 된다. 매개체를 사용하는 것이 자신을 고통 속으로 끌어내리는 일이라는 것을 알고 있음에도 양의 에너지 변화를 추구하기 때문이다.

그러므로 아파체타형이나, 상황재현형, 매개체형 모두 본질은 같다고 할 수 있다. 상황중독의 종류를 세세하게 나누는 것은 임상에 빠짐없이 적용되기 위한 방편일 뿐이다. 그물코를 좁히는 작업이라고 할 수 있다.

보통 사람들의 삶을 들여다보면 저마다 자신의 문제와 씨름하면서 살아가는 모습들을 보게 된다. 누군가는 하루의 고된 노동이 끝나면 그 지루함을 씻기 위해 치킨과 맥주, 꼼장어에 소주를 먹는다. 또 누군가는 옆집 이웃들과 점 백짜리 고스톱을 치면서 하루의 시름을 잊는다. 또 다른 누군가는 일터에서 돌아오는 전철 안에서 모바일 게임으로 하루를 달랠 것이다. 또 누군가는 자신의 외로움을 달래줄 상대를 찾기 위해 소개팅 자리로 향하고 있을 것이다. 보통 사람들의 삶은 이토록 사소한 것을 즐기기 위해 사는 삶이다. 그리고 소소한 행복을 얻는다.

그렇지만 그 이면을 조금만 파고들면 또 다른 모습을 볼 수 있다. 어떤 사람이 먹던 치킨과 맥주, 꼼장어와 소주는 어느새 매일 먹는 깡소주로 바뀔 수 있다. 누군가와 치던 점 백짜리 고스톱판은 불법 도박판이 될 수 있다. 휴식을 위한 게임 이용자가 아니라 사흘 밤낮 식음을 전폐한 게임중독자가 될 수도 있다. 반려자를 찾기 위한 만남이 아니라 하룻밤의 섹스를 위해

밤거리를 방황할 수도 있다. 그리고 그 누군가는 고통 속에 괴로워한다.

무슨 원인의 차이가 있는 것은 아니다. 원인은 똑같다. 정도의 차이다. 누군가 무엇에 빠져 있는데 빠져나오지 못하고 고통받고 있다면 이유는 상황중독 때문이다.

중독으로 인한 고통(음의 전위차)을 감수하면서까지(하향 조정하여) 쾌락(양의 전위차)을 추구하는 것은 어린 시절 불편함을 견디면(저절로) 보상되던 방법을 (무의식적으로) 여전히 사용하고 있기 때문이다.

그렇지만 그것이 어린 시절 고통을 즐기는(견디는) 방법을 터득했기 때문임을 모르는 사람이 대부분이다. 그래서 같은 실수를 계속 반복하게 된다. 그 정도가 약하면 굉장히 건강한 삶을 살 수 있지만 그 정도가 강하면 엄청난 고통의 파도를 끊임없이 맞으며 살아가야 한다.

복합형

아파체타형이 상황재현형을 기본으로 깔고 이 기본을 스트레스받는 상황에서 스트레스 해소용으로 사용하는 것으로 볼 수가 있듯이 이렇게 상황재현형이냐 아파체타형이냐 고진감래냐 이열치열이냐를 바닥에 깔고, 거기에 토핑을 얹듯이 위험추구형이나 매개체형이 결합하는 형태가 된다.

순수하게 아무런 스트레스도 없이 편안한 상태에서 위험을 추구하거나 매개체를 사용한다면 상황재현-위험추구형, 상황재현-매개체형이 되는 것이다. 원래 모든 상황중독은 상황재현형을 포함한다고 보면 그냥 위험추구형이나 매개체형이라고 해도 무방할 것이다.

대개는 스트레스를 해소하기 위해 위험을 추구하거나 매개체를 사용하는 경향도 많다. 말하자면 아파체타-위험추구형, 아파체타-매개체형이 될 것이다. 편하게 얘기해서 스트레스를 풀기 위한 위험추구형, 매개체형인 것이다. 일반적인 사람들이 대부분 많이 사용하는 상황중독이다. 스트레스를 풀기 위한 익스트림 스포츠나, 스트레스를 풀기 위한 소주 한 잔 같이 굉장히 일반적인 행위들에도 상황중독이 뿌리 깊이 박혀 있는 것이다.

참전용사(베테랑veteran)형

매개체형의 특수한 형태로 볼 수 있다. 현재 당하고 있는 고통이나 압박감을 덜기 위해 상황을 재현하기보다는 매개체를 쓰는 경우를 말한다.

베트남에 파병된 미군 병사들이 전쟁의 압박감을 견디기 위해 마약을 사용했던 것이 대표적인 예일 수 있겠다. 또는 말기 암 환자들이 통증을 견디기 위해 사용하는 의료용 마약도 같은 의미다.

처음에 파병 미군들이 전쟁 상황의 고통을 견디고자 마약을 남용하기 시작했을 때 미국 사회는 걱정하고 불안해했다. 하지만 막상 미군들이 미국 본토로 귀환했을 때 지속해서 마약을 사용하는 비율이 예상보다 현저히 떨어졌다. 왜일까?

그것은 통증 치료용 마약에는 중독되지 않는 경우와도 같다. 둘의 공통점은 바로 '양'의 에너지 변화량에 주목하지 않고 '음'의 에너지 변화량에 주목한다는 것이다. 그렇다는 말은 비교기준 하향 조정이 일어나지 않았다는 뜻이다.

고통이 너무 심하여 그 고통을 자신의 일반적인 기준으로 도저히 받아들일 수가 없을 때 고통을 따라 비교기준이 내려오는 것이 아니라 통증이 없는 상태에 머물러 있는 것이다.

그러므로 기분을 띄워주는 약물을 투여했을 때 그 양의 에너지 변화량(+△)은 쾌감으로 오지 않고 통증의 예방 혹은 완화로만 여겨지게 된다. 만약 비교기준이 하향 조정되었다면 그 에너지 변화량은 고스란히 쾌감으로 느껴졌을 것이다.

비교기준 하향 조정이 일어나지 않는다 하더라도 여전히 약물중독의 위험은 남는다. 비교기준 하향 조정이 조금이라도 일어나지 않는다는 보장이 없고, 고통을 상쇄하는 데 드는 양보다 훨씬 더 많은 양의 약물은 오히려 쾌감을 자극할 가능성이 있기 때문이다. (고통(-△)을 상쇄하는 만큼의 양이나 그것보다 적은 양의 약물은 고통의 완화로 느껴질 것이다)

상황중독 2형 (상황중독의 변이)

> **상황중독 2형 (상황중독의 변이)**
>
> 겉으로 보기에는 음의 전위차(기분 나쁨)를 무시하는 듯한 양상을 보인다. 겉으로는 양의 전위차(기분 좋음)를 추구하는 듯하지만 양의 전위차를 추구하는 것이 아니다.
> 양의 전위차는 오히려 관심도 없다. 단지 언제 떨어질지 모르는 음의 전위차(기분 나쁨)가 너무 크게 갑자기 내리꽂히면 어떻게 하나 걱정하는 것이다. 그 걱정으로 스스로 반쯤 내려와서 갑자기 떨어져서 처박힐 때 느끼는 고통을 반 정도 완충해 보고자 하는 의도가 있다. 그리고 이는 무의식적으로 일어난다.

> **상황중독 2형과 에너지 절벽의 차이**
> '에너지 절벽'은 음의 전위차가 발생하는 뚜렷한 미래의 사건에 대한 불안이라면 상황중독 2형은 막연한 미래에 대한 두려움이다.
> 에너지 절벽은 예정된 에너지 절벽을 불안해하는 것이고, 상황중독 2형은 심각한 에너지 절벽이 언제 닥칠지 몰라 평온한 현재를 불안해하는 것이다. 대응 방식은 똑같이 불안해하며 에너지 절벽의 바닥으로 스스로 에너지 상태를 끌어내리는 것이다.

상황중독 2형은 상황중독 1형과 임상 양상이 거의 같아서 분간할 수 없다.

지금껏 상황중독이라는 것은 쾌감을 느끼기 위해 **음의 전위차**(에너지 변화량을 간단히 줄여서 전위차라고 하기로 하자.)를 무시하고 다시 '음'의 에너지 쪽으로 '정서적 다이빙'을 하는 것이라고 설명하였다. 예를 들어 아주 매운 고추가 주는 통증을 알고 있음에도 그것을 애써 무시하고 다시 그 통증을 느끼려고 한입 베어 무는 경우를 말한다.

이럴 경우 치료는 음의 전위차를 무의식적으로 생각하지 말고, 스스로 의식하라고 일깨우는 것이다. **양의 전위차**에 모든 의식이 집중되어 감당해야 할 음의 전위차를 무시하는 것을 스스로 인식하라고 각성시키는 것이다.

만약 환자가 이 상황중독 자체를 괴로워하여 고치고자 하는 의도가 있다면 이런 간단한 해석만으로도 쉽게 벗어나게 된다. 스스로 괴롭고 하기 싫은 상황중독을 계속 반복하는 것에 대한 이율 배반감을 많이 느낄수록 치료 효과는 더 좋아진다.

하지만 임상에서 이러한 설명으로 상황중독이 나아지지 않는 경우가 있다. 그것은 설명이 정확하지 않았기 때문이다. 다시 음의 전위차를 무릅쓰는 정서적 다이빙을 하는 것까지는 같지만 목적이 다른 경우다. 음의 전위차를 무릅쓰는 목적이 양의 전위차를 즐기기 위해서가 아니다. 오히려 언제 올지 모르는 음의 전위차를 너무 두려워한 나머지 미리 음의 전위차를 만들어 반쯤 먼저 내려가 있겠다는 경우다.

즉 음의 전위차 후에 올 양의 전위차가 목적이 아니라 한꺼번에 느낄 음의 **전위차**(에너지 절벽)가 너무 고

> 📝 **에너지 절벽**
> 뚜렷한 음의 에너지 전위차가 발생했을 때 느껴지는 에너지 절벽을 말한다. 대표적인 예로는 월요병을 들 수 있다.

통스러워서 미리 반쯤 내려가 있어서 떨어질 때의 충격을 줄이겠다는 심산이다. 이것은 상황중독과 행동 패턴이 너무나 똑같아서 상황중독으로 오인할 수가 있다.

상황중독 2형이 임상에서 상황중독과 구별되어 인식되는 경우는 상황중독을 이해하고 상황중독을 벗어나고 싶어 하는데도 없어지지 않는 정서적 잠수가 있을 때이다. 상황중독 2형은 이것의 목적을 쾌감이 아니라 음의 전위차에 대비한 한 계단 내려 딛기 step down이라고 해석할 때야 비로소 사라진다.

그래서 상황중독 1형으로 판단을 하고 해석해 보지만 해결되지 않을 때야 비로소 상황중독 2형이라고 판단할 수 있는 것이다.

상황중독 2형과 에너지 절벽의 차이

뒤에 나오는 K심리학에서 '에너지 절벽'을 다루었으므로 긴 설명은 필요 없을 것 같다. 원리는 같은 것이다. 하지만 상황중독 2형과 에너지 절벽은 임상 양상에서 조금 다르게 나타난다.

'에너지 절벽'과 같은 점은 상황중독 2형이 음의 전위차를 의식적이거나 무의식적으로 느낀다는 것이다. 그리고 그 음의 전위차를 느끼는 것을 싫어한다는 것이다. (양의 전위차를 얻기 위해 음의 전위차를 무시하거나 견디는 것이 아니라 갑작스러운 음의 전위

차를 힘들어한다. 이 전위차의 떨어지는 정도를 상쇄하기 위해서 미리 내려가는 것이 무의식적으로 일어난다)

둘의 차이점이 있다면 '에너지 절벽'은 음의 전위차가 발생하는 뚜렷한 미래의 사건에 대한 불안이라면, 상황중독 2형은 막연한 미래에 대한 두려움이다.

또 다른 점이 있다. '에너지 절벽'은 원리가 같지만, 음의 전위차를 의식적으로 느끼고 사건에 대한 에너지 소모를 과도하게 경계하는 것이다.

　미래에 골치 아픈 스케줄이 잡혀 있을 때를 예상해 보자. 하기 싫은 스케줄인 경우 심리적 에너지가 소모될 것이 분명하다. 그리고 이것을 미래에 닥칠 에너지 절벽으로 예상할 것이다. 그리고 이런 에너지 절벽이 예상치 못한 심한 불편감을 유발하게 될까 봐 불안해하고 불안해한다. 그러므로 에너지 절벽을 느낀다는 것은 예견된 심리적 에너지 소모에 대한 의식적·무의식적 불안감이라고 할 수 있다.

　하지만 상황중독 2형은 아무런 일이 없는 현재가 불안해서 언제 닥쳐올지 모르는 미래의 커다란 에너지 절벽을 대비하여 반쯤 미리 내려감으로써 안도감을 획득하는 데 목적이 있다. 현재는 아무런 일이 없고 앞으로도 아무런 일이 없을 예정이지만 과거에 느꼈던 심각한 에너지 절벽으로 인해 상처(트라우마)를 입었다면 그때 느꼈던 강도 높은 상처를 다시는 받지 않으려고 하는 것이다.

그런데 그때 느꼈던 상처가 아무런 대비도 없이 예고도 없이 찾아와서 더 아팠던 경험이 존재하기 때문에 어떤 에너지 절벽도 계획되어 있지 않고 예고도 없는 평온한 일상생활이 유지되면 될수록 불안해진다. 마음이 편안한 상황에서 대비도 되어 있지 않은 채, 마치 누군가에게 뒤통수를 맞듯 갑작스러운 에너지 절벽이 나타나 완전히 바닥으로 처박힐까 봐 불안한 것이다.

상황중독 1형이 순간적인 양의 에너지 전위차에 집착하는 유형이라면 상황중독 2형은 순간적인 음의 에너지 전위차를 갑자기 느끼게 될까 봐 경계하는 유형이다. 그래서 평온하면 평온할수록 불안한 마음을 달래기 위해 스스로 자신의 에너지 상태를 고통스럽거나 불안한 상태로 강제로 끌어 내리는 것이다. 정리하자면 에너지 절벽은 예정된 에너지 절벽을 불안해하는 것이고, 상황중독 2형은 심각한 에너지 절벽이 언제 닥칠지 몰라 평온한 현재를 불안해하는 것이다. 대응 방식은 똑같이 불안해하며 에너지 절벽의 바닥으로 스스로 에너지 상태를 끌어내리는 것이다.

모든 불안은 불안의 종류와 상관없이 이 에너지 절벽을 의식하는 데서 오는 것이다. 다가올 에너지 절벽이 너무 두려워 그것을 대비하는 데에 너무 많은 에너지 소모(기분 나쁨)가 발생한다. 에너지 절벽에 대한 과도한 경계가 순기능을 하는 것이 아니므로 그 과도한 경계 자체를 힘들어하는 경우가 생긴다.

상황중독의 임상적 의미

인간은 왜 짜고 달고 매운 강렬한 맛의 음식을 선호하는지, 왜 여자들은 나쁜 남자를 더 선호하는지, 왜 그렇게 불륜은 달콤한 것인지, 왜 목숨을 걸고 한 사랑이 식는지의 문제부터 매저키즘(마조히즘)이나 자기학대, 손톱 물어뜯기, 틱, 다리 떨기, 발모광, 자위, 섹스중독, 각종 약물중독이나 알코올중독, 카페인중독, 니코틴중독이나 도박중독에 이르기까지 인간사 전반의 문제 행동 모두에 이 상황중독이 개입되어 있다.

상황중독의 임상적 의미를 따로 설명하는 이유는 지금껏 설명한 상황중독에 대한 학문적이고 추상적인 이해가 생활에서 벌어지는 상황중독의 실제 예에서는 잘 적용이 되지 못하기 때문이다. 그것이 이 상황중독이란 개념이 그다지 복잡하지 않은 개념임에도 지금껏 세상에 나오지 못한 또 다른 이유일지 모른다.

병적인 상황중독은 원인과 결과가 수년에서 십수 년의 유격을 갖고 형성되는 경향이 있다. 어린 시절의 경험이 어른이 된 후 미치는 영향을 중독적인 관점에서 보기가 어려웠던 이유이기도 하다. 막상 이러한 상황중독에 관해 이야기를 듣고 충분히 이해했음에도 불구하고 정작 자신에게 적용할 수 있게 되기까지는 시간과 훈련이 필요한 것을 보게 된다.

상황중독의 모든 정의와 의미를 알고서도 사람은 자신이 그런 중독에 걸릴 만한 경험을 한 적이 없다고들 한다. 그럴 만큼의 굴곡진 인생도 아니었다고 한다. 또는 전혀 결핍 상황이 없었다고 항변한다.

하지만 조금만 문진을 해보면 차곡차곡 접혀 있던 주름진 과거사가 불려 나오게 된다. 꼭 그렇지 않다고 하더라도 고진감래의 의미와 비슷하다고 얘기를 하거나 약간의 음과 양의 전위차가 주는 파동을 느끼고 그 파동을 즐기는 경향성이라고 얘기하면 쉽게 알게 되는 부분이다. 상황중독은 곧 '내' 마음의 깊은 곳에 장착되어 마음의 전 영역에 걸쳐 영향력을 발휘하고 있었다는 것을 깨닫게 된다.

일반적으로 결핍이 있었다거나 유년 시절 불행했을 경우 반드시 상황중독이 존재한다.

이 문장은 반대자들로부터 공격받을 구실을 제공해 주는

말일 수도 있다. 누군가는 말할 것이다. 섣부른 일반화라고. 그렇다면 좀 더 과격한 말을 해보자. 세상의 모든 사람은 반드시 상황중독에 걸려 있다. 정도의 차이만 있을 뿐이다. 물론 그것을 증명할 수는 없다. 하지만 적어도 고진감래나 이열치열, 아파체타를 심정적으로 이해하는 사람이라면 이미 상황중독에 걸려 있는 것이다.

5. 상황중독의 내분비학적 가설

한마디로 내분비학적 가설을 정리하면 이렇다.

'상황중독이란
내인성 마약 중독 또는 내인성 약물 중독이다.'

상황중독은 '내'가 에너지의 허구적인 변화량에만 신경쓰고 있는 자기 자신을 깨닫기만 하면 스스로 쉽게 벗어나는 경우도 있기 때문에 기존의 약물 중독과는 달리 신체적인 문제와 함께 인지적인 영역까지 포함한다고 할 수 있다.

지금까지의 모든 이론도 물론 가설이므로 새삼스럽게 내분비학적 '가설'이라는 말을 따로 하는 것 자체가 이치에 맞지 않는 설명인지도 모르겠다. 그래도 심리학적인 이론은 임상에서 충분히 검증할 수 있는 이야기이지만 내분비학적인 가설이란 실험적인 증거가 뒷받침되어야 하는 이론이라 생각된다.

실험으로 검증하지 못한 상황중독의 내분비학적 가설은 단순히 아이디어 수준이긴 하지만 또 다른 관점에서의 상황중독에 대한 이해를 늘려주는 일이기에 소개해 보기로 한다.

스트레스가 주어지는 상황에서는 당연히 스트레스에 대응하는 여러 호르몬이 나오게 된다. 그러한 스트레스 호르몬이 분비되는 상황이 만성적으로 이루어질 경우가 문제이다.

스트레스가 지속되어 항상 스트레스가 존재하리라 예측되는 경우 그러한 예측 자체가 스트레스이다. 스트레스 호르몬은 그 예측이란 스트레스에 대응하여 미리 분비된다고 할 수 있다.

정서적 잠수 또는 정서적 다이빙

상황중독의 가장 중요한 특성으로 과거의 고통을 다시 재경험하기 위해 과거의 고통스러운 상황과 비슷한 상황에 다시 뛰어들거나 과거의 고통스러운 상황과 유사한 상황을 다시 만들어 뛰어드는 경우를 말한다. 고통스러운 정서를 재경험한 뒤에 느껴지는 안도감을 위해, 자신의 어린 시절 결핍을 재현하여 현재 아무런 문제가 없는 기분을 오히려 가라앉게 한다는 의미로 정서적 잠수라고 한다.

만성적인 스트레스로 인하여 스트레스 호르몬이 미리 분비되는 상황이 바로 앞에서 얘기했던 비교기준 하향 조정이 될 것이다. 그렇게 만성적으로 스트레스에 대응하여 미리 분비된 스트레스 호르몬이 또 당연한 듯 새로운 하루의 스트레스를 감당하는 생활이 마치 일상인 양 반복되어 일어난다.

문제는 그런 생활 도중에 돌발적으로 예측했던 스트레스가 갑자기 사라졌을 경우다. 예측했던 스트레스인 만큼 스트레스 호르몬도 미리 분비된 상황에서 스트레스 원인이 사라진다면 스트레스를 줄이기 위해 분비되었던 호르몬은 고스란히 '나'의 기분을 상승시키는 마약과도 같은 기능을 하게 된다. 꼭 필요한 곳에 필요한 만큼만 분비되는 내인성 마약이므로 중독되지 않을 수 있었겠지만, 만성적인 스트레스와 만성적인 호르몬의 예측된 분비는 돌발적인 스트레스 제거 상황에서 고스란히 마약으로 기능하는 것이다.

이것이 최초의 양의 전위차로 느껴지게 되고 만성적인 스트레스 상황에서 이러한 양의

내분비학적 가설
정신 질환들이 여러 가지 내인성 호르몬에 의한 결과라고 여기는 가설

전위차가 몇 번 더 발생하게 되면 정말 뿌리 깊게 내인성 약물중독이 발생하는 것이다.

그리하여 내인성 약물중독이 발생한 '나'는 내인성 약물중독을 일으킬만한 스트레스 제공자 또는 스트레스 제공 환경을 찾아다니게 된다. 이런 상황을 정서적 잠수 또는 정서적 다이빙이라는 말로 표현할 수도 있을 것이다.

가장 극명한 예는 임상에서 심심치 않게 보게 되는 '나쁜 남자' 스타일의 양육자 밑에서 매 맞고 자란 여자가 다시 '나쁜 남자'에게 끌리게 되는 상황을 들 수 있을 것이다.

한마디로 내분비학적 가설을 정리하자면 이렇다.

'상황중독이란 내인성 마약 중독 또는 내인성 약물 중독이다.'

상황중독을 한 가지 방식만으로 설명하는 것은 한계가 있다. 더구나 검증되지 않은 가설이므로 전면에 내세우기는 무리가 있다. 무엇보다 만성적인 스트레스를 겪지 않았다고 생각되는 사람이 '그렇다면 나는 상황중독에 걸리지 않았다'라고 단정할 것이기 때문이다.

내인성 약물중독은 가장 극단적인 예로서 이해하기 쉽게 한 설명일 뿐이라고 말하고 싶다. 상황중독을 처음 듣는 사람들에게 가장 빨리 이해시킬 방법이기 때문이다. 상황중독을 단순한 내인성 마약에 의한 중독으로 치부해 버리기엔 조금 더 복잡하고 조금 더 정서적인 부분이 많이 포함된다. 좀 더 방법이 다양하고 그 정도가 천차만별이며, 지구상의 모든 사람은 어느 정도의 상황중독을 가지고 살아간다고 할 수 있을 만큼 보편적인 현상이다.

또한 상황중독은 '내'가 에너지의 허구적인 변화량에만 신경 쓰고 있는 자기 자신을 깨닫기만 하면 스스로 쉽게 벗어나는 경우도 있기 때문에 기존의 약물중독과는 달리 신체적인 문제와 함께 인지적인 영역까지 포함한다고 할 수 있다.

6. 상황중독의 치료

상황중독을 벗어나기 위해서는 이 상황중독에 대한 이해가 필요하다.

자신의 상황중독적 행위를 할 때 '지금 내가 하는 이 행동이 상황중독이구나.' 또는 '내가 이 쾌감을 즐기기 위해 당해야 했던 손해가 막심했구나'하는 생각만 해 주면 된다.

그다음에도 또 그다음에도 그것만 하는 것이다. 그렇게 되면 자연스럽게 그 행동에 대한 흥미가 떨어지고 더 이상 그 행동을 하고 싶지 않게 된다. 그것이 상황중독 치료의 기본적 형태이다.

상황중독을 치료하여 완전히 없애는 것은 불가능하다. 단지 정도를 약화할 수밖에 없다. 그렇지만 그것만으로도 완치에 가까운 효과를 보게 된다. 물론 매개체형의 치료는 조금 다른 경향이 있다. 이것은 마지막에 따로 나누어서 설명해 보도록 하자.

먼저 상황중독을 벗어나기 위해서는 이 상황중독에 대한 이해가 필요하다. 무엇보다 양(+)의 전위차를 이해해야 하고, 두 번째 그 양의 전위차를 선행하든 후행하든 항상 음(-)의 전위차가 짝 지워져 있다는 사실을 깨달아야 한다.

그리고 이때까지 그 양의 전위차를 느끼기 위해 '내'가 눈치채지 못하거나, 무시하거나, 감수해 왔던 음의 전위차를 확실히 인식하는 것이 중요하다. 그 인식을 자신의 상황중독적 행동에 실시간으로 떠올려주면 된다. 더 이상 괴로웠던 음의 전위차를 견디지 않아도 된다는 것을 깨닫게 된다. 그리고 항상 음의 전위차가 양의 전위차보다 더 크다는 것을 깨닫는 순간 더 이상의 손해 보는 짓은 하지 않게 된다.

그렇다고 완전히 상황중독이 치료되는 것은 아니다. 단순히 더 안전한 상황중독, 더 약한 상황중독으로 옮겨가게 되는 것이다(이것을 약독화(弱毒化)라고 한다). 상황중독의 약독화가 몇 번 반복해서 이루어지면 더 이상 자신을 해치면서까지 쾌감을 추구하던 행동을 멈추게 된다. 그리고 일반인의 생활 속에서 느끼는 작은 파동들을 통한 환기 ventilation 정도로 만족할 수 있게 된다.

상황중독의 치료에는 한 가지 조건이 있다. 상황중독의 당사자('내')가 자신이 반복해서 하는 어리석은 행동에 대해 괴로워하고 그만두고 싶어 해야 한다. 자신의 중독 행위를 스스로 즐기고 있다고 생각하거나 자신의 중독 행위로 인해 자신이나 주변의 타인이 고통받는 것을 모르고 있다면 상황중독의 이론적인 배경을 알려고도 들으려고도 하지 않기 때문이다.

사람들을 임상에서 만나다 보면 자신의 중독적 행위의 위험성을 애써 외면하면서 알고 싶어 하지 않는 사람이 많다. 깨닫는 순간 멈춰야 하기 때문이다. 자신의 현재 불편감(결핍감, 압박감, 지루함)을 견뎌낼 유일한 쾌감 추구 방식을 그만두라고 할까 봐 전전긍긍하는 것이다. 상황중독의 치료는 억지로 참아서 되는 것이 아니다. 참는다면 그것은 치료가 아니며, 참았다 하더라도 언젠가 다시 자신의 몫을 받아 가게 된다.

상황중독의 약독화

한 번에 상황중독을 완전히 해소할 수 없으므로 상황중독의 에너지 전위차가 상대적으로 적은 상황중독 매개체로 옮겨서 한 단계 덜 해로운 상황중독으로 옮겨가는 것을 말한다. 알기 쉽게 설명하자면 도박중독에서 조금 덜 해로운 낚시나 게임으로 옮겨가는 것을 말한다.

자신의 상황중독적 행위를 할 때 '지금 내가 하는 이 행동이 상황중독이구나.' 또는 '내가 이 쾌감을 즐기기 위해 당해야 했던 손해가 막심했구나'하는 생각만 해 주면 된다. 그다음에도 또 그다음에도 그것만 하는 것이다. 그렇게 되면 자연스럽게 그 행동에 대한 흥미가 떨어지고 더 이상 그 행동을 하고 싶지 않게 된다. 그것이 상황중독 치료의 기본적 형태이다.

하지만 그것만으로는 치료되지 않는 상황중독도 있다. 현재의 상황중독을 즐기고 있어 치료에 저항하거나 치료는 받고 싶지만, 상황중독이 더 깊어 쉽사리 상황중독에서 벗어나지 못할 경우는 그냥 인지하는 것만으로는 한계가 있다. 이런 경우 자신이 느끼고 있는 상황중독이 진짜 에너지가 아니라는 체험적 깨달음이 필요하다. 다시 말해 진짜 에너지를 얻지 못해 가짜 에너지를 탐닉하고 있는 격이기 때문에, 진짜 에너지를 느끼게 된다면 자연스럽게 비교되면서 오히려 에너지가 빠져나가는 가짜 에너지에 대한 집착을 버리게 된다. 그런 체험적 깨달음을 위해서 진짜 에너지를 만들어 내는 방법이 바로 마중물 요법(K심리학 마중물 요법 참조)이다.

더 근본적인 치료인 마중물 요법을 하면 더 빨리 치료된다. 마중물 요법이야말로 가장 근원적인 치료 방법이다. 그리고 그 결과가 실질적인 진짜 에너지이기 때문에 가짜 에너지라도 얻기 위해 상황중독을 탐하는 사람들에게도 자신이 상황중독에 걸려 있었음을 깨닫게 해주는 방법이자 나아가 그 상황중독을 싫어하게 만들어 저절로 피하게 해주는 단 하나의 방법이다.

매우 큰 에너지가 들어오는 것 같은 양의 전위차를 추구하는 것은 그보다 더 큰 음의 전위차를 감당해야 하므로 그것은 진정한 에너지가 아니다. 에너지인 척 자신을 속이는 것뿐이다. 진짜 에너지인 마중물 요법을 할 수 있게 되면 더 이상 가짜 에너지에 연연해하지 않는다.

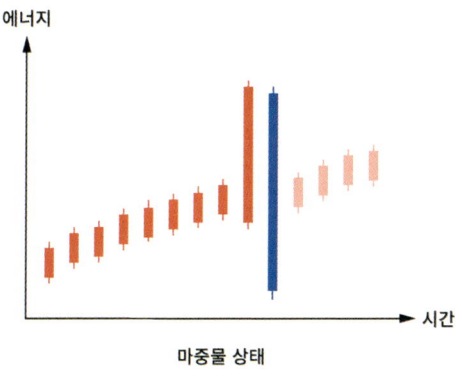

이를 주식 차트에서 쓰는 그래프를 빌려 표현해 보면 더 명확해진다. 양의 전위차를 양봉, 음의 전위차를 음봉으로 표현해 보자. 마중물을 했을 때 얻어지는 에너지를 나타내자면 상황중독보다 아주 작은 크기의 짧은 양봉으로 나타낼 수 있을

것이다. 그래서 마중물을 일상적으로 잘 유지하고 살아간다면 하루하루가 작은 양봉으로 연이어져 우상향으로 조금씩 올라가고 있는 그래프를 볼 수 있을 것이다. 작은 양봉이므로 일상적인 상황에서는 하루 동안 들어오는 작은 전위차의 에너지를 실시간으로 느끼지 못할 수도 있다. 하지만 시간이 지날수록 점점 에너지가 쌓이는 것을 느끼게 된다. 들어오는 순간을 느끼지 못해도 에너지가 쌓여 있는 상태를 느끼는 것이다.

상황중독은 심리적 에너지가 급격하게 들고나거나 나고 드는 상황이라고 하였다. 상황중독은 반드시 음의 전위차가 동반된다. 그리고 에너지를 잘 느끼지 못하는 사람이라도 느낄 정도의 큰 에너지 변화가 존재한다. 그러면서 에너지가 점점 소모되는 상황이다. 그것을 주식 차트에 비유하면 장대 양봉과 장대 음봉이 늘 한 쌍으로 붙어 있는 그래프라고 할 수 있다. 그리고 항상 장대 음봉은 장대 양봉보다 크다. 그러므로 에너지는 더 소진되는 결과가 발생하게 된다. 상황재현형과 아파체타형 상황중독은 장대 음봉이 선행하고 장대 양봉이 뒤따라 나오지

📝 **장대 양봉**

원래 주식 용어이다. 주식 차트상에서 매수세가 강하게 일어나 실질적인 가격 상승을 표시하는 굵고 긴 빨간 막대를 의미한다. 이를 심리적 에너지 상태에 적용하여 순간적으로 발생한 강한 양의 에너지 전위차를 표현한 것이다.

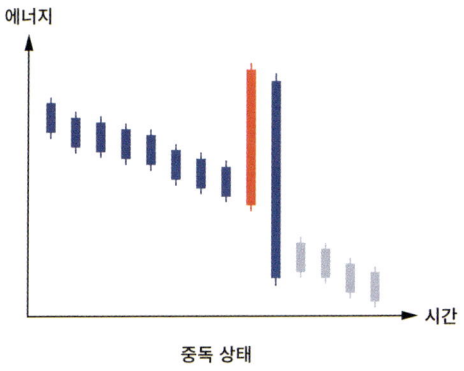

만, 위험추구형과 매개체형 상황중독은 장대 양봉이 선행하고 그것보다 훨씬 큰 장대 음봉이 뒤따라 나오게 된다.

만약 일반적인 사람들이 생활하는 삶에서는 매일매일 에너지가 조금씩 소모되는 상황이라고 가정해 보자. 다시 말해 작은 음봉들이 줄지어 우하향으로 달리고 있다. 매일 에너지가 조금씩 빠져나가는 것을 느끼고 있었기 때문에 그래프로 나타내면 온통 파란색 음봉으로 채워져 있을 것이다. 그런 상태에서 발생하는 장대 음봉은 별로 주의를 끌지 못한다. 어차피 에너지가 빠져나가고 있었기 때문에 조금 더 빠져나간다고 해서

📋 **장대 음봉**

장대 양봉과 같은 주식 용어. 심리적 에너지 상태에 적용할 때 장대 양봉과는 반대로 순간적으로 발생한 강한 음의 에너지 전위차를 표현한다.

큰 변화로 느끼지 않는다. 하지만 그다음 발생하는 장대 양봉은 이야기가 다르다. 온통 파란 바탕에 뜻하지 않게 발생한 빨간 장대 양봉은 그 크기가 장대 음봉보다 작다 하더라도 그 존재감이 어마어마하다. 늘 에너지가 부족해서 허덕이던 끝에 맛보는 색다른 쾌감일 수밖에 없는 것이다. 그러니까 늘 에너지가 빠져나가고 있는 상태에서는 에너지가 큰 폭으로 나가고 들어올 때 에너지가 나가는 것보다는 들어오는 것을 더 민감하게 느끼게 된다는 뜻이다.

그래서 장대 음봉과 장대 양봉이 한 쌍으로 묶여서 나타나는 상황중독이 발생한다면, 이 쌍을 에너지가 들어오는 사건으로 여기게 된다. 늘 에너지가 빠지던 중이었기 때문에 에너지가 더 많이 빠져나간 상태(장대 음봉이 더 크기 때문에 장대 양봉의 시작 지점보다 더 낮은 상태가 됨)는 별로 신경 쓰지 않는다. 그냥 에너지가 들어왔다는 느낌을 쾌락으로 즐기기만 하면 족한 것이다.

하지만 반대로 조금씩이라도 매일매일 에너지가 들어오는 삶이라면, 작은 양봉들이 계속 연결되어 점점 우상향으로 올라가고 있는 상태에서 발생한 장대 양봉과 장대 음봉의 쌍은 오히려 장대 음봉에 주목하게 되는 효과가 있다. 계속 빨간색의 단봉들이 깔린 상황에서 나타난 장대 양봉과 장대 음봉은 별로 달갑지 않은 신호처럼 느껴질 것이다. 빨간색 단봉들이 연결되어 만들어진 선을 기점으로 솟구쳐 올라간 빨간색 장봉보다는 당연히 아래로 처박힌 파란색 음봉이 훨씬 더 신경에 거슬릴 것이다.

즉 장대 양봉과 장대 음봉 한 쌍(상황중독)을 에너지가 들어오는 사건이 아니라 에너지가 빠져나가는 사건으로 인식하게 된다는 뜻이다. 상황중독을 에너지가 얻어지는 즐거운 사건으로 인식하기보다는 에너지가 빠지는 힘든 사건으로 인식하게 되고 따라서 자연스럽게 상황중독을 회피하게 된다.

가장 치료가 어려운 상황중독은 매개체형이라고 할 수 있다. 상황중독 자체에서 느껴지는 쾌감뿐만 아니라 매개체가 인체에 미치는 급성중독과 내성, 그리고 금단증상으로 이어지는 신체 반응으로 인해 더 이상 의지와 인지의 영역으로 남아 있지 못하기 때문이다. 그래서 매개체형의 치료에 있어 가장 중요한 매개체를 멀리하는 의지를 스스로 만들어 내기가 어렵다. 그래서 심각한 알콜중독이나 약물중독에서는 반드시 입원 치료를 통한 도움이 필요하다. 여기서는 자신의 매개체형 상황중독을 인식하고 자신의 힘으로 벗어나고 싶다는 강력한 의지가 있는 사람들을 대상으로 하고 있음을 미리 전제해야 할 것이다.

그런 사람들이라면 먼저 위에서 얘기했던 것처럼 마중물 요법을 통해서 매개체형 중독 행위 자체가 자신에게 에너지를 얻는 행위가 아니라 빠지는 행위라는 것을 무의식적으로도 알아차려야 한다. 그렇지 않으면 매개체가 주는 강력한 에너지 상승의 쾌감을 벗어날 수가 없다. 만약 매개체를 참아서 중독에서 빠져나오려고 한다면, 한두 번 참아서 끊은 것처럼 보이게 할 수는 있다. 하지만 참는 것은 에너지를 더 소모하는 행위이므로 참는 데 들어가는 심리적 에너지가 떨어지면 유일하게 에너지로 느껴지는 매개체에 다시 손을 댈 수밖에 없다. 매개체야말로 강렬한 에너지 덩어리로 보일 것이다. 그래서 매개체형 상황중독이 치료되기 쉽지 않은 것이다.

매개체형 중독자일지라도 마중물을 통해 아주 작은 에너지들을 매일 모아서 쾌감이 주는 에너지 감을 대체할 수도 있어야 하며, 금단 현상이 주는 갈망 또한 견뎌야 한다. 그렇지만 지금껏 적용해 본 치료 방법 중에는 가장 강력하고 근본적인 치료 방법임이 틀림없다. 만약 환자가 이 치료 방법에 확고한 믿음만 있다면, 그래서 계속되는 실패에도 불구하고 마중물 요법을 지속해서 하겠다는 끈기만 있다면, 시간이 흐르면서 에너지가 조금씩 모이게 될 것이다. 그 사이 몇 번의 실패도 반복하겠지만 인내심을 가지고 마중물 요법에 전념하여야 한다. 그렇게 모인 에너지를 느끼고, 그렇게 어렵게 쌓아 올린 에너지를 한낱 의미 없는 중독 행위로 잃는 것이 아깝다고 느껴지기 시작한다면, 근본적인 회복이 시작된 것이라고 볼 수 있다.

마중물 요법과 상황중독은 서로 상호 배척하는 관계에 있다. 마중물 요법에 충실하게 되면 상황중독에서 얻어지는 급격한 에너지 변화가 너무 위험하게 느껴진다. 자연스럽게 상황중독은 줄어들게 된다.

그러나 상황중독에 심취해 있는 사람들에게는 마중물 요법이란 귓등에도 걸리지 않는 헛소리일 뿐이다. 마중물 요법을 열심히 하는 사람이라고 해서 상황중독을 완전히 배제하고 살아가는 것은 아니다. 언제나 마중물 요법을 열심히 할 수 있는 것은 아니기 때문이다.

마중물 요법을 잘할 때는 상황중독이 좀 덜 나타나지만, 환경이 바뀌어서 마중물 요법을 잘할 수 없게 되면 다시 상황중독이 득세하게 된다. 임상적으로 마중물 요법을 잘하던 사람이 다시 재미를 추구하고 술을 마시며 심심해하고 지루해한다면 마중물 요법이 잘 안되는 징후로 보아야 한다.

이러한 저항을 이겨내고 '지속적으로' 마중물 요법을 할 수만 있다면 여러 형태의 상황중독뿐만 아니라 매개체형 상황중독도 치료가 될 수 있다.

7. 사례

세계 문학사에 족적을 남긴 도스토옙스키는 생전에 지독한 도박중독에 빠져있었다.
그러한 상황은 그에 대한 전기를 통해 쉽게 확인이 되는 부분이다. 수많은 위인의 도박중독보다 도스토옙스키의 도박중독에 더 주목하는 이유는 그가 가장 극적이고 극명한 상황중독을 겪었다고 생각하기 때문이다.

우울증의 유일한 원인은 자신이 자신을 싫어하기 때문이다.

부정적인 생각이 드는 것은 '나'를 싫어하는 '내'가 한 방에 같이 있기에 저절로 '나'를 비난하는 것이다. 그래서 '나'와 '나'와의 관계를 개선하지 않는 한 혼자 있을 때 부정적인 생각이 드는 것을 막을 수 없다. 그리고 그 부정적인 생각이 우울감을 만든다.

세계 문학사에 족적을 남긴 도스토옙스키는 생전에 지독한 도박중독에 빠져 있었다.

우울증의 유일한 원인이 자신이 자신을 싫어하기 때문이다. 부정적인 생각이 드는 것은 '나'를 싫어하는 '내'가 한 방에 같이 있기에 저절로 '나'를 비난하는 것이다. 그래서 '나'와 '나'와의 관계를 개선하지 않는 한 혼자 있을 때 부정적인 생각이 드는 것을 막을 수 없다. 그리고 그 부정적인 생각이 우울감을 만든다.

이 상황중독에 빠져서 끝나지 않는 자기 학대를 마치 커다란 즐거움인 양 반복해서 실행하는 많은 사람을 보게 된다. 물론 상황중독이 절대적으로 근절될 수 있는 것은 아니며 상황중독 자체가 절대로 걸려서는 안 되는 심각한 질병은 아니다. 더구나 심하게 지나친 병적 행동이 동반되지 않는 한 약간의 상황중독은 심심한 일상의 조미료 역할을 톡톡히 할 수 있을 것이다. 그렇다. 문제는 정도의 차이다.

동네에서 이웃끼리 분기별로 한 번씩 부부 동반으로 카드놀이인 홀라를 한다고 하자. 즐겁게 떠들고 웃고 놀면서 딴 돈의 70%를 환원시키는 규정을 통해(하룻저녁 따 봐야 부부당 1~2만

원) 이웃을 배려하는 정신까지 갖추었다면 이것을 나쁘다고 할 사람은 없을 것이다. 하지만 이것 역시 상황중독이며 상황중독이 약독화되어 있다고 할 수 있는 것이다.

도스토옙스키의 상황중독

세계 문학사에 족적을 남긴 도스토옙스키는 생전에 지독한 도박중독에 빠져 있었다. 그러한 상황은 그에 대한 전기를 통해 쉽게 확인이 되는 부분이다. 수많은 위인의 도박중독보다 도스토옙스키의 도박중독에 더 주목하는 이유는 그가 가장 극적이고 극명한 상황중독을 겪었다고 생각하기 때문이다.

> 도스토옙스키를 도박장으로 몰고 간 중요한 충동, 때로는 잠재적인 충동은, 경제적 이익에 대한 합리적 계산이 아니라 강렬한 정서와 비정상적인 흥분, 때때로 자기 작품의 인물들에게 전가시키는 깊은 도덕적 타락에 빠지고 싶은 욕망의 추구였다.

한 도박판에서 그는 아내에게 편지를 썼다.

'내 신경은 산란하고 한자리에 계속 앉아 있었지만 피곤하다오. 그러나 동시에 원기는 왕성하오. 나는 초조하고 흥분한 상태요.

그리고 내 성질에 이것은 때때로 필요하다오.'

그것은 일종의 도취였다. 그가 노름을 하고 있는 동안에는 안나로선 그를 볼 기회가 거의 없었으며, 어쩌다 그런 그를 보고서 그녀는 '쳐다보기도 무서울 정도로 뻘건 눈에 뻘건 얼굴을 하고 있었는데 꼭 술주정뱅이 같았다'고 묘사하고 있다. 그는 룰렛에의 탐닉 속에서, 자기 애인을 향한 정열의 내용과 똑같은 무모하고 흥분된 체험, 똑같이 난폭한 감정, 절묘한 승리감 또 그에 못지않게 절묘한 굴욕감의 순간들을 발견했다. 〈E. H. 카, 『도스또예프스끼 평전』, 열린책들〉

그가 그토록 명료하게 자신의 도박이 주는 폐해를 인정하면서도 끊임없이 도박에 손을 뗄 수 없었던 이유, 그 후 아내와 지인에게 끝없이 도박 자금을 구걸함과 동시에 자신을 위해 구차한 변명을 하면서까지 몰두할 수밖에 없었던 이유가 바로 상황중독이라고 생각한다. 도스토옙스키는 28세가 되는 1849년에 뻬뜨라셰프스키 사건으로 인해 인생을 거의 끝낼 뻔한 경험을 하게 된다.

군법회의에서 내린 사형 판결은 바뀌었다. 그러나 사형을 집행하는 듯한 쇼를 벌이기로 했다. 이 결정은 젊은이들에게 두려운 인생의 교훈을 준다는, 잔인하면서도 그러나 소박한 바람에서 나온 것이지 단순히 그의 넓은 자비심을 보이려는 황제의 허영심에서 나온 것만은 아니었다. 사형 중지 결정을 알지 못했던 죄수들은 마차로 처형장까지 갔다. 사형 선고문이 읽히고 사제는 십자가를 들고 마지막 참회를 말하라고 했다. 죄수들은 순서대로 줄을 섰고, 앞의 세 사람은 실제로 기둥에 묶여 사격대를 향했다. 이때 황제의 감형장을 가진 전령이 들어서게 되어 있었다. 그래서 진짜 선고문이 처음으로 읽히고 죄수들은 감옥으로 되돌려 보내졌다. 〈E. H. 카, 『도스또예프스끼 평전』, 열린책들〉

이 사건이 도스토옙스키의 인생에 엄청난 충격을 주었으리라고 짐작되는 것은 당연하다. 사형 판결이 내려지고 사형장으로 끌려가기까지의 고통은 너무도 잔혹한 일이었다. 그것은 사람을 극도의 공포와 극도의 불안과 극도의 인내를 필요로 하는 일이었을 것이다. 에드워드 핼릿 카E. H. Carr가 골라 뽑은 도스토옙스키의 등장인물을 통해서 그가 토해내고 싶었던 심경을 들어보자.

작가가 좋아하는 주인공 미쉬낀은 이렇게 말하고 있다.
살인을 했다고 해서 사람을 죽이는 것은 그 범죄에 비해 너무도 가혹한 형벌이오. 선고문을 낭독하고 사형을 집행하는 것은 살인

강도 자체와는 비교도 안 될 정도로 가혹한 것이오. 밤중에 숲속에서 강도의 칼에 맞아 살해당할 위기에 처해 있는 자는 마지막 순간까지 구원받을 수 있다는 희망을 가질 수 있어요.

…그런데 열 배나 편히 죽을 수 있는 이 마지막 희망을 〈분명히〉 빼앗아 가버린다는 얘기입니다. 바로 사형 선고가 그렇게 한다는 뜻이지요. 피할 수 있다는 희망이 분명히 없을 거라는 사실 속에 처참한 고통이 있는 겁니다. 이보다 더 심한 고통은 이 세상에 없어요.

…인간이 미치지 않고서도 그러한 고통을 참아 낼 수 있는 능력이 있다고 누가 말했지요? 무얼 하려고 그처럼 추악하고 불필요한 욕설을 내뱉었지요? 어쩌면 사형 선고를 받고 고통을 당한 뒤 '가라, 너를 용서해 주겠다'라는 말을 듣고 풀려나온 사람이 있을지도 몰라요. 바로 그러한 사람은 상세히 얘기해 줄 수 있을 겁니다. 그러한 고통과 처참함에 대해서는 그리스도도 말했어요. 정말이지, 인간을 그렇게 대해서는 안 됩니다. 〈E. H. Carr, 1931, 도스또예프스끼 평전, 열린책들〉

살인강도 당한 피해자보다 사형당할 살인강도의 죽음이 몇 배는 더 고통스럽다는 부적절한 말로 그 고통을 표현하고 있다. 그 정도로 이미 알고 있는 죽음을 기다리는 것이 힘들었다는 얘기일 것이다. 미치지 않고서는 참아낼 수 없는 고통이라고 했다. 그리고 그것을, 죽을힘을 다해 참았을 것이고 결국 자포자기할 수밖에 없었을 것이다.

이 과정에서 비교기준의 하향 조정이 일어났을 것이다. 이미 자신은 죽은 목숨이나 다름없었고, 앞날을 기대할 수가 없었다. 그러므로 자신의 상태를 죽어가는 사람의 마음으로 다시 리셋 reset 하게 되는 것이다.

그리고 극적인 순간이 찾아오게 된다. 해방의 순간이다. 바로 평범함이란 비교기준으로의 맹렬한 대쉬. 황제의 전령이 황제의 진짜 선고문을 읽는 것을 듣는 것과 동시에 밀려오는 안도감은 도스토옙스키의 전 생애를 통틀어 가장 극적이고 강렬한 쾌감을 느낀 순간이었을 것이다. 얼마나 황홀한 순간이었겠는가. 죽음에서 새 생명을 얻은 것이었다. 직전까지만 해도 죽어 있던 목숨이 몇 초(자신이 죽지 않아도 된다는 것을 인지하는 시간)도 안 되는 시간에 다시 살아난 기적을 경험한 것이다. 어떤 쾌감도 이렇게 짧은 시간에 이렇게 강렬하게 감전시킬 수는 없을 것이다. 도스토옙스키가 자기의 의지와는 상관없이 경험하게 된 강렬한 경험은 뼛속 깊이 그 상처와 함께 쾌감도 불어넣었을 것이다.

그 후 오랜 시간이 지나 자신은 평범한 생활로 되돌아왔지만, 한 번 경험한 상황중독은 그 무엇도 재현할 수 없었다는 것을 뼈저리게 느끼고 있었을 것이다. 눈으로 보고 즉시로 당락을 확인할 수 있는 도박 말고는 죽었다가 살아나는 쾌감에 비견될 수 없는 것이다. 그나마 그 신속성(전위차의 기울기)에서만 비견될 뿐이며 그 양(전위차의 높이)에는 미치지 못한다.

평생 도스토옙스키는 자신의 쾌감을 재경험하려고 노력한 것이다. 그 쾌감을 그림자라도 맛보기 위해서는 그보다 더 막대한 음의 전위차를 감내해야 한다는 것과 거기에는 자신만이 아닌 가족의 고통도 포함되어 있다는 사실을 철저히 외면해야 했다. 이 사례야말로 아파체타와 함께 상황중독을 가장 잘 이해할 수 있는 표본이라 할 수 있다.

(프로이트는 아버지에 대한 외디푸스적인 죄책감으로 자신을 처벌한 것이라고 하였다). 〈지그문트 프로이트, 『예술, 문학, 정신분석 (프로이트 전집 14)』, 열린책들〉

서경은(가명) 씨의 상황중독

자세한 병력과 가족력, 어린 시절의 성장기와 부모님의 역할 등은 설명을 생략하기로 한다. 결론은 심각한 결핍이 있었다는 말 하나로 얘기할 수 있기 때문이다. 굳이 이렇게 얘기하는 것은 어린 시절의 정신역동을 찾아 해결하는 방법으로 치료하는 것이 아니라 결핍의 양을 가늠하고 그것을 메꾸기 위해 투약을 하고 그래도 안 되는 부족한 에너지를 채워 넣기 위해 마중물 요법을 사용하여 노력하는 것이 훨씬 더 중요하기 때문이다. 물론 오랜 시간 치료를 해 왔기 때문에 정신 역동을 찾아 분석하는 것도 마다치 않았음을 미리 밝힌다.

처음 서경은(가명) 씨가 나를 찾아왔던 것은 거의 7년 전이었던 것으로 생각된다. 선배의 소개를 받고 왔던 그녀는 20대 중반의 여성이었다. 첫 만남에서 그녀의 병력을 들었다. 고등학교 때부터 자살 시도와 자해로 인해 입원 치료를 받았었고, 대학은 다니고 있었지만, 심각한 알콜중독이 있었다. 대학병원에서 진단받은 병명으로는 알콜의존증, 우울장애, 공황장애, 경계선 인격장애였다. 알콜의존증이 모든 문제의 원인은 아니지만 알콜의존증이 존재하는 상태에서는 어떤 치료도 효과가 없다고 판단하고 이것을 주된 치료 대상으로 삼았다.

나는 알콜의존증을 상황중독의 매개체형으로 인식하고 상황중독에 대해 기본적인 설명을 했다. 심리적 에너지가 없어서 매개체형 상황중독을 통해 스스로 에너지를 얻으려고 노력하는 것이라고 설명하였다. 그리고 진정한

> **정신 역동**
> 정신역동 이론은 프로이트가 사람의 내적 갈등을 설명하면서 만든 말이다. 이책에서는 프로이트의 정신분석이론을 적용하였다는 뜻으로 사용하였다.

내가
나를위해
음식을 만들어 줄께

응

철수야
음식을
만들어 줘서 고마워
잘했어

응

마중물 요법 예시 (211쪽 마중물요법 참고)

에너지를 얻기 위해서는 술을 마시는 것이 아니라 마중물 요법을 해야 한다고 했다.

처음 몇 번의 만남으로는 서로 좋은 인상을 남기지 못했다고 생각했다. 마중물 요법을 시행하도록 격려하는 과정에서 치료가 중단되었기 때문이다. 그녀가 얼마나 치료 의지가 있었는지와는 별개로 그녀의 알콜중독은 꽤 심각한 수준이었기 때문에 마중물 요법의 중요성이 마음에 와닿지 않았으리라 생각했다.

일 년여 남짓 지났을까. 그녀가 다시 나타났다. 그사이에 다시 입원도 했었다고 했다. 그리고 마중물 요법을 해보겠다고 했다. 그것만이 자신에게 유일한 길이라는 생각이 들었다고 했다. 나는 그녀에게 처방되던 신경안정제를 다 끊고 항우울제를 위주로 처방했다. 지금부터는 에너지와의 싸움인 것이다. 상태가 심하여 항우울제 여러 개를 겹쳐서 사용했다. 한두 가지로는 그녀의 심한 결핍을 제대로 채울 수가 없었다. 심리적 에너지를 채워주는 보조제로 처방했지만, 처음에는 그다지 큰 도움이 되지는 않았다.

그녀는 이미 번 아웃이 온 상황에서 아무것도 하지 못한 채 집에서 잠만 자는 생활을 계속하고 있었다. 자면서도 공황이 왔고 자고 나면 이불까지 땀으로 젖었다. 매일 맥주를 마셨고 틈만 나면 담배를 피웠다. 둘 다 공황에 안 좋다는 사실을 주지

시켰지만 여간해서는 나아지지 않았다. 그녀는 자신의 우울감에 절망했으며 지속적으로 자해를 했다. 조금이라도 나아지려고 하면 바로 잇따라 처박히는 우울감에 다시 절망하고는 했다. 그럴 때마다 술을 마셨고, 공황과 우울은 더 심해지고는 했다.

나는 그녀의 자책감이 그녀의 우울증에 가장 큰 문제라고 지적했다. 어렸을 때의 가정환경으로 인하여 자존감은 낮았고, 자신이 조금이라도 쓸모없다고 여겨지면 바로 우울감이 찾아왔다. 그리고 온몸이 긴장되면서 공황 상태가 같이 왔다.

나는 먼저 마중물 요법을 얼마나 하고 있는지를 수시로 체크하였다. 하지만 그 과정에서 내가 마중물 요법을 잘 하지 않는다고 비난하려고 체크하는 것이 아님을 분명히 했다. 그리고 동시에 절대로 자신을 비난하지 말도록 했다. 자기 비난은 마중물로 쌓아 놓은 몇 안 되는 에너지를 즉시로 소멸시키기 때문이다. 계속 마중물 요법을 하도록 격려하면서 몇 번 하지 못하는 그녀의 마중물 요법이 효과를 볼 때까지 계속 지켜볼 수밖에 없었다.

약물 치료와 마중물 요법의 효과로 눈에 띄게 좋아지기 시작했지만, 여전히 술은 마셨다. 좋아지면 좋아질수록 자신이 다시 나빠질 것을 불안해하기 시작했는데 그것은 또 다른 고통이었다. 너무 많이 좋아질수록 안 좋아질 때 내리꽂히는 자신의 상태를 두려워하기 시작한 것이다. 좋아졌지만 좋아지지 않앉다. 좋아진 상태를 점검할수록 눈물을 흘리면서 삶의 무가치함을 얘기했다. "좋아지면 뭐 해요? 어차피 또 안 좋아질 건데." 그 시절 그녀가 입에 달고 있었던 말이다. 나는 절대로 그렇지 않다고 얘기했다. 언젠가는 반드시 좋아질 것이라고 얘기하며 좋아지는 추세가 중요함을 설명하였다. 하지만 그녀는 그 말을 믿고 싶어 했지만 믿지 않았다. 아니, 믿지 못했다. 자기 내부에 안정감 있는 정서적 경험이 전혀 없었기 때문이다. 그리고 여전히 그녀는 그녀 스스로에게 적대적이었다.

나는 그녀에게 설명하기를 우울증은 자신과 자신과의 관계가 적대적이기 때문에 자신을 스스로 비난하면서 생기는 병이라고 했다. 나는 그녀에게 마중물 요법을 통해 치료되는 사람들을 통해서 알게 된 사실을 설명하였다. 마중물 요법을 잘하는 사람일수록 자신과의 관계가 개선된다. 그전에는 조그만 잘못에도 쉽게 자책했었다면 마중물 요법을 꾸준히 하게 되면서 작은 실수나 잘못에도 스스로 변명이나 변호를 해주는 사람으로 바뀌게 된다고 설명했다. 자신의 잘못된 행동을 옹호하라는 것이 아니다. 자신의 잘못된 행동을 반성한다면 먼저 사과하고 그 행동을 다시 반복하지 않기 위해 노력하는 것이다. 그것이 진짜 반성일 것이다. 하지만 자신을 자책만 하고 있다면 자기 행동을 바꾸기 위해 들어가야 하는 에너지를, 자신을 자책하는 데 소모하고 말기 때문에 자책만 할 뿐 행동은 변하지 않는다고 설명했다. 그러므로 자책하지 않는 것이 우울증 치료에 가장 첫 번째 원칙이지만 사람들은 무의식적으로 자신을 적대시하기 때문에, 어쩔 수 없이 자신을 비난하게 된다고 설명했다.

비유로 설명하면 명확해진다. 자신을 가장 잘 아는 절친과 사이가 틀어져서 철천지원수가 되었다고 가정해 보자. 그리고 그 친구와 같이 한 방에 들어가 있다고 하자. 그러면 무엇을 하고 있을까? 당연히 싸울 것이다. 과거의 잘못을 들쑤시면서 아주 작은 것 하나라도 비난받을 만한 구석이 있는 것이라면 모두 끌어내어 서로를 헐뜯고 비난할 것이다.

나는 자신과 자신의 관계가 서로 미워하는 관계라는 것은 바로 그렇게 서로 죽도록 미워하는 친구 두 명이 한 방에 있는 것과 같다고 얘기한다. 서로를 미워하기도 하지만 서로를 너무 잘 알고 있기 때문에 둘만 남겨지는 순간 머리채를 잡고 싸우려 들 것이다. 그리고 오만 가지 쌍욕을 동원하여 약점을 공격하려고 할 것이다. 맞다. 그것이 자신을 싫어하는 사람이 혼자 방에 남겨졌을 때 스스로에게 하는 일이다. 그래서 정신없이 다른 일을 할 때는 아무렇지도 않다가 혼자 방에 가만히 앉아 있으면 그토록 부정적인 생각이 밀려오며 자책하게 되는 이유라고 말한다. 그리고 그 자책이 자신을 우울하게 만든다고 얘기하는 것이다.

정리해 보자. 부정적인 생각이 드는 것은 '나'를 싫어하는' '내'가 한 방에 같이 있기에 저절로 '나'를 비난하는 것이다. 그래서 '나'와 '나'와의 관계를 개선하지 않는 한 혼자 있을 때 부정인 생각이 드는 것을 막을 수 없다. 그리고 그 부정적인 생각이 우울감을 만든다.

나는 이점을 그녀에게 설명하였다. 그러니 '나'와 '나'의 관계를 개선할 수 있는 가장 효과적인 방법이 마중물 요법이므로 지속적으로 마중물 요법을 할 경우, 자신을 향한 자책이 사라질 것이고, 자신을 향한 자책이 사라지면 우울감도 동시에 사라진다. 환자들을 볼 때마다 느끼는 것이지만 자신이 비난하지 않으면 그 어떤 우울감도 생기지 않는다는 것이다. 그래서 도달한 결론은 우울증의 유일한 원인이 자신이 자신을 싫어하기 때문이라는 것이다. (부정적인 과거의 경험이 쌓여서 자신에 대한 태도가 부정적으로 되는 것일 것이다. 부정적인 과거의 경험이란 경험의 수만큼이나 다양할 것이므로 그 부정적인 경험이 만드는 자신에 대한 부정적인 태도를 우울증의 원인으로 보는 것이 치료적으로 유용하다.)

하지만 그때까지도 그녀가 하는 마중물 요법의 횟수는 얼마 되지 않았다. 그녀의 식사량은 보통 사람의 식사량보다 1/3도 안 되었기 때문에 먹는 마중물 요법을 잘할 수 없었다. 무기력해서 잘 씻지 않았기 때문에 씻는 마중물 요법도 잘할 수가 없었다. 많이 해도 하루 열 번 정도가 고작이었다. 그렇지만 인내심을 가지고 자신을 대하는 태도가 바뀌고 있음을 믿고 지켜보기로 했다.

3년 정도가 지났을까. 그동안 일주일에 한 번 40여 분의 진료 시간을 꾸준히 잘 지킨 덕분에 그녀는 술을 대신해서 콜라를 마시기 시작했고 때로는 탄산수를 마시면서 술에 대한 갈망을 견뎌내기 시작했다. 술 생각이 안 나는 것은 아니었지만, 마셔서는 안 된다는 것을 알고 있다고 했다. 가끔 언제 닥쳐올지 모르는 우울감에 대한 공포도 조금씩 이겨내고 있었다. 자면서 흘리는 땀은 여전했지만, 확연히 나아지고 있었다.

지속적으로 자신의 내면에 존재하는 분노와 결핍을 마주 바라보도록 해왔지만, 잘 이루어지다가도 치료자를 평가절하하면서 비난하는 등의 방식으로 치료자를 자주 도발해 오기도 했다. 그 과정 중에 세부적인 감정을 분석하면서 과거의 기억을 뒤지기도 했다. 하지만 가장 중요한 치료는 역시나 마중물 요법을 유지하게 하는 것이었다. 마중물 요법을 통해 자신과 자신과의 관계를 회복시키는 데 주력했다.

그 무렵부터였다. 더 이상 자신을 비난하거나 자책하지 않게 되었다. 그녀는 당연히 마중물 요법의 효과라고 여기면서 더 열심히 하기 시작했고, 상태 호전도 더 빠르게 일어났다. 더 이상 자해를 하지 않았으며, 자신이 힘들어하는 상황을 스스로 찾아가는 상황중독도 그만두었다.

누워 있다가도 산책하고는 했으며, 자신이 좋아하는 취미 활동도 하기 시작했다. 가끔 에너지가 빠지는 일이 생기면 공황이 찾아오기는 했지만, 어느덧 술을 완전히 끊었으며 담배도 끊기 시작했다. 술 마시는 자리에 가서도 술을 마시지 않고 돌아왔으며, 그런 과정을 고통스럽지 않게 즐길 수가 있게 되었다.

그러던 어느 날 중견기업에 원서를 넣더니 합격을 한 후 회사 생활을 하기 시작했다. 때로 일이 힘들어서 눈물을 흘릴 때도 있고 여전히 자존감이 낮아 사람들에게 비난받는 것에 예민하기는 했다.

그래서 쓸데없이 야근을 많이 하게 되는 경향이 있기는 하며 가끔 과도한 에너지 사용으로 공황이 올 때가 있지만, 더 이상 자신을 자책하지 않고 있으며, 더 이상 우울해지지 않을 것이라는 확신도 있다고 했다. 만 2년이 넘게 술을 끊고 있으며 금연도 유지하고 있다. 그리고 그 많던 항우울제도 자연스럽게 끊게 되었다. 약 없이도 정상적인 생활을 이어가고 있으며 일과 연애도 병행하게 되었다. 누가 봐도 한 명의 사회인으로서 부족함 없는 생활을 하고 있다고 할 수 있다.

가끔 치료 초기에 우리가 세웠던 치료 목표를 상기하면서 즐겁게 웃고는 한다.

"우리의 치료 목표는 평범한 사람이 되는 거였어요. 기억하죠?"

"그럼요. 평범해지기는 했는데 평범해지기 정말 어렵네요."

Part 2 K심리학

정신의학과 전문의 최성규

K심리학이란,,,

나는 임상에서 환자들을 치료하는 과정에서, 기존의 심리학이 가진 문제점들에 대해 생각하게 되었다.

그중 하나는 이론이 증상에 맞추어서, 즉 상황에 따라 그때그때 바뀌어야 한다는 것인데, 이는 환자를 치료하기 위해서 매번 그 환자의 상태에 끼워 맞출 수 있는 이론을 찾아야만 한다는 것을 의미한다.

나는 여기서 통합된 이론 체계가 필요함을 느꼈고, 심리적 에너지의 관점으로 이론들의 원리를 통합하여 **K심리학**이라 명명하였다.

출처 마음의 지도 (최성규 지음)

1. 본능과 욕구

본능   불편함을 해결하고 편함을 추구하는 것.

욕구   본능에는 불편함(결핍)이 이미 포함되어 있다. 이 불편함(결핍)이 욕구에 포함될 때 막연한 개념으로 포함되지는 않는다. 아주 구체적이고 자세한 불편감이 선행되는 것이다.
그리고 그 불편함은 신생아의 무능함과 양육자의 부재(不在)에 의해 생긴다.

본능은 새로 발생한 모든 불편함을 제거하고자 하는 환경에 대한 공통적인 복구 욕(심리적 항상성)이라고 한다면, 욕구는 신생아의 무능함(인식하지도 못하는 무능함) 때문에 발생한다.

무능한 신생아의 말초 기관에서 느껴지는 불편함(의식적이지만 인식하지 못하거나 인식하더라도 중요하게 생각하지 못함)으로 인해 양육자를 향해 발생하는 복구 욕(의식적이나 인식하지 못함)이라고 할 수 있겠다.

즉 어떤 형태의 불편함(결핍)이냐, 어떤 말초 기관을 통해 유입된 불편함이냐에 따라 욕구의 종류가 달라지는 것이다. 그러므로 욕구가 다양해질 수밖에 없다. 여기서 신생아가 최초로 느끼는 불편함, 춥거나 배고픔을 느끼는 것은 인간이 가지고 있는 유한한 조건들 때문에 나타나는 현상일 뿐이다.

인간은 털이 없어서 체온을 유지하는 데 어려움이 있다. 체온을 유지하려면 에너지가 소모되어야 하고 에너지를 소모하려면 먹어서 채워야 한다.

본능
새로 발생한 모든 불편함을 제거하고자 하는 환경에 대한 공통적인 복구 욕 (심리적 항상성) 이다.

욕구
신생아의 무능함 (인식하지도 못하는 무능함) 때문에 발생한다.

그것은 마치 인류가 어떤 자연환경에서 정착하게 되었는지에 따라 문화가 달라지는 것과 같은 것이다.

물이 부족하고 넓은 벌판과 목초지밖에 없는 대초원에서는 말을 타고 달리며 가축을 키우는 삶을 살 수밖에 없다. 그리고 모든 음식을 가축으로부터 얻는다.

북극에 가까이 사는 사람은 농사도 축산도 할 수 없어서 사냥에 의지하며 심지어 비타민까지도 날고기로 채워야 한다.

그들의 삶이 우리와 그렇게 다른 이유는 그 자연환경의 제한 조건 때문이다. 할 수 없는 것과 있는 것이 너무나 분명하므로 인간은 할 수 있는 것에 집중할 수밖에 없다(할 수 없는 것을 극복하고자 하는 인간의 자유의지는 그다음 단계의 얘기다.)

프로이트의 쾌락원칙
불쾌를 회피하고 쾌를 추구한다

물은 지형에 따라 흐르듯이 우리의 마음도 제한된 환경에 따라 흐른다. 형식이 내용을 지배하는 것이다. 아마 '내' 마음의 흐름도 몸이 제한되었기 때문에 생기는 마음의 물길을 따라 흐르도록 정해져 있다고 할 수 있다. 서양에서는 인간의 마음이 태어나면서부터 원래 존재한다는 생각이다. 하지만 동양에서는 마음은 인간의 속에 있기도 하고 없기도 하다고 얘기한다.

마음이 포함되어 있지 않은 인간의 제한된 조건을 양육자가 보충하고 늘 일정 분량을 채워서 조건을 극복하게 도와주면 '나'는 아무런 기준이 없던 상태에서 양육자가 늘 제시하는 그 새로운 기준을 기대하게 되는 상태로 바뀌게 된다(비교기준 상향 조정).

그리고 그 기대가 채워지지 않으면 채워지기를 바라는 '소망(뭐라 부르든 상관없다.)'이 발생하게 된다. 그 마음을 본능이라고 생각하는 것이다. 그 소망이 어떤 조건에 관한 소망이냐에 따라 체온을 유지하고자 하는 욕구, 먹고자 하는 욕구, 자고 싶어 하는 욕구 등등의 욕구로 불리게 된다. 이 생각이 아주 중요하다. 바로 이런 본능과 욕구의 관계 정립이 프로이트의 쾌락원칙과 매슬로의 욕구 이론을 결합하는 열쇠가 되기 때문이다.

📋 **매슬로의 욕구 단계설**
인간의 욕구가 낮은 단계에서 높은 단계로 구성되어 있고 낮은 단계가 충족되고 나서야 다음 단계의 욕구를 충족시키려 한다는 이론이다. 생리적 욕구, 안전 욕구, 소속 및 애정욕구, 존중 욕구, 자기실현의 욕구 등으로 나눈다.
A. H. Maslow, 1943, 「A Theory of Human Motivation. Classics in the History of Psychology」, Originally Published in Psychological Review, 50, 370-396.1)

기본적 욕구가 채워져야 다음 단계의 욕구를 채우려고 하는 것이 아니라 기본적 욕구의 결핍을 예방하기 위한 노력으로 다음 단계의 욕구인 확인욕구가 생성된다.

그리고 다시 확인욕구의 결핍을 예방하기 위해 인정욕구가 생성된다. 충족이 다음 단계의 욕구를 만드는 것이 아니라 결핍이 다음 단계의 욕구를 만든다.

예를 들어 기본적 욕구의 결핍이 심한 경우 다음 단계의 확인욕구가 강해진다. 그리고 확인욕구가 강한 만큼 잘 채워지지 않으며 최종적으로 만들어지는 인정욕구 또한 강해진다.

인정욕구가 강하다는 뜻은 웬만한 손해는 감수하더라도 인정받기를 포기하지 않겠다는 집념이 생긴다는 뜻이다.

📋 **기본적 욕구의 결핍을 예방하기 위한 노력**
영유아가 양육자의 존재가 자신의 옆에 있다는 사실을 오감 五感으로 확인하면 기본적 욕구가 저절로 채워지는 경험을 하게 된다. 곧 이 경험으로부터 기본적 욕구의 결핍예방욕구로써 상위 욕구가 발생한다.

📋 **확인욕구의 결핍을 예방하기 위해 인정욕구가 생성된다.**
영유아에서 학령전기가 되면서 '나'는 독립적인 행동을 하기 시작하고 양육자의 의사에 반한 행동을 하게 된다. 이럴 때 양육자의 존재가 확인되더라도 양육자의 표정이 좋지 못하면 기본적 욕구가 채워지지 않는 경험을 하게 된다. 이 경험으로부터 양육자에게 기본적 욕구가 잘 충족되기 위한 결핍 예방욕구가 발생한다. 양육자가 자신을 바라볼 때마다 얼굴에 웃음을 짓게 만들고자 하는 욕구가 생긴다. 양육자로부터 칭찬받거나 인정받는 것이다.

이 집념은 적당할 때는 사회적 성공을 가져다주지만 심할 때는 오히려 심각한 에너지 고갈이나 자존감의 저하를 가져온다.

한국에만 정 情이 있는 이유

정 情을 새롭게 정의를 해본다면 사랑에서 성적인 영역을 뺀 나머지를 의미한다고 할 수 있다.

출발은 한국에서만 존재하는 특이한 문화로 어린 시절부터 접촉확인욕구가 충분히 충족된다는 점이다. 접촉확인욕구는 눈을 감고 잘 때조차도 자신의 양육자가 자신의 옆에 존재한다는 것을 확인할 수 있기 때문에 확인욕구 충족(안정적인 애착 형성)에 있어서 중요한 부분을 담당한다고 할 수 있겠다.

전통적으로 한국에서는 아이를 양육할 때 엄마가 같이 안고 자는 문화가 있다. 물론 현재는 많이 퇴색된 전통이라 하더라도 여전히 많은 가정에서 이루어지고 있다고 할 수 있다.

어릴 때부터 접촉확인욕구가 충분히 충족된다는 뜻은 커서도 접촉확인욕구를 성적인 의도와 분리하여 따로 채울 수가 있다는 의미이다. 그 증거로 같은 동성끼리의 접촉을 꼭 성적인 의미로 받아들이지 않는 문화가 있다는 것을 들 수가 있다. 한국에서는 성인 여성들이 팔짱을 끼거나 손을 잡고 다니는 것을 성적인 관점으로 바라보지 않는 시선이 존재하며 심지어 남성들도 남성끼리의 접촉에 큰 거부감을 드러내지 않는다. 예를 들어 남성 친구끼리 여행을 가서 더블베드에 같이 자는 것을 크게 어색해하지 않는다.

이에 반해 서양에서는 양육자가 아이를 같은 침대에서 안고 자는 전통이 없다. 대부분 신생아 때부터 아이를 다른 방에서 따로 재운다.

그러므로 어릴 때부터 순수한 접촉확인욕구 충족이 원활한 한국에 비해서 서양은 2차성징 발현 이후에 파트너와의 성적인 교류를 통해서만 얻을 수 있는 욕구가 된다.

즉, 서양에서는 접촉확인욕구와 성욕의 구별이 불가능하다. 누군가를 만지고 싶다면 반드시 성적인 의도를 포함한다고 여긴다. 그러므로 애정이나 사랑은 반드시 성적인 의미가 포함될 수밖에 없다. 동성이나 이성 다 마찬가지다.

서양은 섹시함이 매력추구욕구의 목표가 되지만 한국에서는 섹시함과 동시에 귀여움 또한 매력추구욕구의 목표가 될 수 있다는 점도 그 차이를 보여주는 하나의 예일 것이다.

또한 정 情이야말로 한국 특유의 성적인 의도가 없는 애정욕구 그 자체라고 할 수 있으며 서양에는 없는 접촉확인 욕구에서 비롯된 문화라는 것을 잘 보여주는 증거라고 할 수 있다.

한국에만 정情이 있는 이유 요약

요약해 보자.

K심리학에서는 한국에 국한해서 접촉확인욕구의 결핍으로부터 성욕이 포함되지 않은 애정욕구가 발달한다고 보고 있으며 이것은 인정욕구의 한 종류라고 할 수 있다. 다시 성욕 없는 애정욕구의 결핍으로부터 성욕이 포함되지

않은 매력추구욕구가 발달하며 이것은 간접인 정욕구의 한 종류이다.

즉, 한국에서는 성적인 애정욕구와 성적이지 않은 애정욕구가 각각 따로 존재하며 성적인 매력추구욕구와 성적이지 않은 매력추구욕구도 각각 따로 존재한다. 그리고 한국에서는 성적이지 않은 애정욕구를 따로 떼어서 정 情이라고 부른다.

A 씨의 사례 타인을 신경 쓰며 매일매일 살아가는 A 씨를 보자.

직장에서 주어진 일을 완벽하게 처리하지 못할까 봐 조마조마하게 살아가는 A 씨는 몇 건의 고객 클레임 전화받은 후로 전화받는 것이 무서워졌다. 전화가 올 때마다 깜짝깜짝 놀라며 가슴이 두근거리기 시작한 것이다. 점점 업무에 자신감이 떨어지면서 위축되었다. 실수할까 봐 긴장되었으며 사소한 실수에도 누군가 비난하는 것만 같았다. 업무 전화뿐 아니라 직장동료를 대면하는 것 자체가 두려워지기 시작했다.

기본적 욕구의 결핍이 많을수록 확인욕구가 커지며 확인욕구조차 결핍이 많아지면 인정욕구가 커진다. 어렸을 때의 결핍부터 현재의 결핍까지 모든 것을 보상받고자 하는 마음으로 매달리는 것이 인정욕구인 것이다.

인정받고 싶은 욕구가 강하면 강할수록 인정을 위해 노력하는 에너지도 더 많이 들게 된다. 인정이나 칭찬을 덜 받았을수록 자신이 받게 되는 인정이나 칭찬은 보통의 노력으로 얻을 수 있는 것이 아니라는 것을 경험으로 체득하고 있다.

그러므로 노력하고 노력한다. 자신이 소모해야 할 노력(심리적 에너지)은 받아야 할 인정이나 칭찬 하나보다 훨씬 값어치가 크지만 그렇게 해야 마음이 놓인다. 때로 그런 노력으로도 얻지 못했던 경험이 있기 때문이다.

그 결과 얻고자 하는 하나의 칭찬이나 인정과 바꾸어야 하는 자신의 심리적 에너지 교환 비율이 점점 커진다. 느끼지 못하는 사이 1대10, 1대20, 1대30이 될 수도 있다. 칭찬(심리적 에너지)을 받으려고 노력할수록 심리적 에너지는 점점 더 고갈된다.

결국 심리적 에너지가 바닥나서 더 이상 칭찬을 받기 위해 투자할 에너지가 남아있지 않은 상태가 된다. 문제는 이런 사람일수록 칭찬받기 위해 노력하기보다는 비난받지 않기 위해 노력한다. 칭찬받는 것이 힘든 만큼 비난 하나로 날아가는 인정 하나가 너무 많은 의미를 품고 있기 때문이다.

비난받아 소실되는 인정 하나의 값어치가 너무 크다. 너무 아프고 너무 고통스럽다. 그러므로 칭찬받기 위해 노력하기보다는 비난받지 않기 위해 노력하게 된다.

하지만 칭찬받으려고 노력하는 것보다 비난받지 않으려 노력하는 것은 몇 배나 더 어렵고 힘들다. 그래서 비난받지 않으려고 노력하면 할수록 비난받았을 때 느껴지는 에너지 상실감은 이루 말할 수 없다.

그 에너지 손실로 인한 괴로움을 느끼게 될까 봐 항상 긴장하고 불안하다. 긴장하면 할수록 A 씨는 비난을 예고하는 듯한 전화벨 소리에

죽을 만큼 가슴이 뛰기 시작하는 것이다.

A 씨는 적절한 약물과 함께 마중물 요법을 처방받았다. 비난이 두려운 이유는 한 번의 비난으로 날아가 소멸하는 '내' 인정 하나에 너무 많은 에너지와 가치가 응축되어 있기 때문이다.

어떻게 만들어 낸 인정인데 비난 한 번으로 날린단 말인가? 자신이 인정받고자 노력해 왔던 모든 노력이 자신이 받은 몇 개 되지 않는 칭찬을 만들었다면 인생 전체에 걸쳐 노력한 모든 노력을 자신이 받은 칭찬의 개수만큼 나눈다면 그것이 바로 자신이 받은 칭찬 하나의 가치가 될 것이다.

극단적인 예로 자신이 인생에서 받은 칭찬이 단 두 개라면 자신이 가지고 있는 칭찬 하나의 가치는 자신의 전 인생에 걸쳐 노력하는 데 쓴 에너지의 절반에 해당한다. 그러므로 누군가 자신을 비난한다면 그 비난 하나에 상실되는 것은 하찮은 칭찬 하나가 아니라 자신의 전 인생에 걸쳐 공들인 노력의 절반이 쓸모 없어지는 느낌이 드는 것이다. 어마어마한 상실감이 드는 것이다. 그것과 동시에 상실된 칭찬 하나를 복구하는 데는 다시 한번 전 인생에 걸쳐 공들인 노력의 전반에 해당하는 노력을 다시 해야 하므로 그것은 그것대로 절망스럽다. 그러니 누군가에게 듣는 비난 하나는 엄청난 상실감과 절망감을 동반한다. 그것은 공포이자 두려움이다. 가슴이 뛰지 않는 것이 이상하다. 물론 사람마다 그 정도의 차이는 있다. 어릴 때부터 칭찬과 인정을 많이 받아 본 사람일수록 비난 하나에 발생하는 상실감과 좌절감이 적을 것이다. 하지만 요즘 진료실에서 만나는 젊은 이들을 보다 보면 어렸을 때 그렇게 큰 결핍 없이도 가슴이 뛸 정도의 자존감 저하는 쉽게 생길 수 있다는 것을 알게 된다.

이런 상태에서 회복하기 위해서는 '내'가 받는 인정 하나의 가치를 계속 떨어뜨려야 한다. 그래야만 비난으로 소멸하는 인정 하나의 가치가 떨어질 것이다. 그러면 비난 하나쯤은 아무렇지도 않게 여길 수 있을 것이다. 상실감도 덜 들 것이고 복구할 때 드는 절망감도 생기지 않을 것이다.

'내'가 받는 인정 하나의 가치가 높아지면 높아질수록 '나' 자체의 가치는 떨어진다. 반대로 '내'가 받는 인정 하나의 가치가 낮으면 낮을수록, 그래서 별것 아닌 노력으로도 인정이나 칭찬 하나쯤은 손쉽게 받게 되면 될수록 '나'의 가치는 높아지게 되는 것이다.

마중물이야말로 아주 작은 것 하나를 스스로 주고받으면서 '내'가 받는 인정 하나의 가치를 계속 떨어뜨리고 낮추어준다. 그리고 그것을 통해 '나'의 가치를 계속 스스로 올리게 되는 것이다.

몇 주가 지나지 않아 A 씨는 빠르게 안정을 찾았다. 마중물의 효과를 스스로 느끼면서 적극적으로 마중물을 자신의 생활에 접목했다. 진료 시간마다 질문을 통해 자신의 느낌과 효과를 공유하며 마중물 요법의 방향을 조율했다. 자존감을 올리고 심리적 에너지를 높이게 되면서 점점 비난으로부터 자유로워졌다. 표정과 태도, 목소리에서 자신감과 에너지를 읽을 수가 있었다.

2. 결핍과 분노

본능인자   심리적인 항상성이 본능이라 불린다면 본능처럼 행세하며 인간의 행동을 결정짓는 것은 본능인자로서의 욕구와 욕구의 결핍과 분노라고 말할 수 있다.

최초의 결핍에서 욕구가 발생하고, 욕구의 결핍에서 분노가 발생하며, 분노가 결핍의 결과물이므로 분노의 처리만으로도 결핍을 보전할 수만 있다면, 이 책에서 얘기하는 본능인자는 욕구의 결핍과 분노라고 얘기했을지도 모른다.

인간에게 있어 최초의 분노 대상이 양육자이다   하지만 인간에게 있어 최초의 분노 대상이 양육자이다. 그 양육자가 양육하는 한 그 분노가 적절치 못하다고 교육되기 때문에 인간은 태어난 이후부터 지속해서 분노를 그 분노의 대상에게 표현하지 못하게 하는 교육을 받고 자라게 된다.

결핍을 분노에 맡겨놓고 채워지기만을 마냥 기다리고 있을 수만은 없는 이유이기도 하다. 그래서 결핍은 결핍대로 따로 스스로 채워야 하는 일이 생겼다. 한 번 발생한 분노는 분노대로 스스로 해소해야 하는 번거로운 일이 남았는데도 말이다. 결핍이 분노로써 복구되지 않게 되면 결핍은 스스로 거래하기 시작한다.

결핍은 결국 모든 욕구에서 발생하는 결핍의 합, 결

본능인자

본능에 프로이트의 쾌락원칙을 변형하여 사용하게 되면서 원래 프로이트 학파에서 본능으로 사용한 리비도와 분노의 위치가 애매해졌다. 이에 본능을 지키기 위해 인간이 만들어내는 중간 단계의 관리자 정도의 역할이라는 뜻으로 '본능인자'라고 명명한다. 이 본능인자에 결핍을 포함하고 리비도 대신 여러 욕구들을 포함하여 본능인자를 결핍과 분노와 욕구로 정의하기로 한다. 프로이트의 리비도는 욕구 발달 과정에서 포함되는 욕구의 일 부분임을 얘기하는 것이다.

핍의 총량이다. 그러므로 하나의 욕구에서 발생한 결핍이 분노 때문에 복구되지 않는다면 다른 욕구를 발생시켜 대신 충족 받게 만든다. 이를 대리욕구라고 부른다.

그렇게 따지고 보면 원래 본능인자는 결핍과 분노와 대리욕구라고 해야 한다. 하지만 그것은 일반인에게 선뜻 이해하기 어려운 문제다. 그리고 임상에서 환자들에게 설명하는 데 있어 '욕구의 결핍에서 분노가 발생하고 분노가 좌절되면 대리욕구가 발생하게 된다'라고 말하는 것보다는 '결핍과 분노는 동전의 양면이어서 분노가 많다면 (지금 당장은 결핍이 없다고 느껴지더라도) 욕구의 결핍도 많은 것이며, 욕구의 결핍이 많다면 분노 역시 당연히 많을 수밖에 없다'라고 얘기하는 것이 훨씬 더 쉽게 이해되기 때문이다. 이미 일반인들은 결핍이 가진 게걸스러운 '식탐'도 충분히 이해하고 있으므로 결핍이 어떠한 욕구로 쉽게 변한다는 것을 직관적으로 알아차린다.

그리하여 실제 **본능인자**인 욕구의 결핍과 분노와 대

대리욕구
하나의 욕구에서 발생한 결핍이 분노 때문에 복구되지 않는다면 다른 종류의 욕구를 발생 시켜 대신 충족 받게 만든다.

리욕구라고 하지 않고 간단하게 욕구와 결핍과 분노라고 해도 무방할 듯하다.

B 씨의 사례　B 씨는 약물에 잘 반응하지 않는 첨단 공포증(尖端恐怖症)으로 내원하였다. 뾰족한 것을 보면 그것으로 자해할 것 같은 느낌이 들었다. 때로는 액션영화에 나오는 피해자들처럼 폭력을 당할 것 같은 느낌이 들기도 했다. 두근거리고 가슴이 답답해졌다. 또 때로는 자해 충동이 너무 강하게 들어 힘들어하기도 했다.

첨단 공포증의 경우 억압된 분노가 자신에게 향하기 때문에 발생한다. 분노는 대상이 있을 때 그 대상을 찾아 표현하면 해소되겠지만 표현할 수 없는 대상일 경우에 분노가 억압되어 쌓이고 쌓인다. 더 참을 수 없을 만큼 에너지가 소모되어 버리면 터져 나올 것 같은 분노는 대상을 찾기 시작한다. 그중 제일 많이 선택되는 대상이 바로 자기 자신이다.

첨단 공포증
尖端恐怖症
날카롭고 뾰족한 것을 무서워하는 증상

B 씨에게 이를 설명하였으나 처음에 B 씨는 자

기 속에 분노가 있을 리가 없다고 얘기하였다. 분노는 결핍에서 비롯되는 것이라고 설명했으나 자기 자신이 결핍이 있을 수가 없다는 것이다.

부모님은 너무 좋으신 분들이어서 그분들에게 화가 났을 리가 없다고 하였다. 이런 경우 미궁에 빠져서 혼란스러워할 필요가 없다. 아무리 본인이 부인하더라도 분노는 결핍의 산물이다. 그 결핍이 어떤 종류의 결핍인지를 밝혀내야 한다. 환자가 억압을 심하게 한다면 정말 모를 수도 있다.

하지만 분노는 분명히 존재하고 그 대상은 어렸을 때부터 알고 있는 가까운 사람일 것이라고 설명하였다. 충분히 가능성을 열어두고 자신을 살펴보라고 했다.

B 씨에게도 역시 적절한 약물과 마중물 요법을 처방하였다.

모든 분노는 결핍에서 비롯되므로 마중물을 통해 결핍을 채우는 것은 분노를 가라앉히는 가장 근본적인 방법이기도 하다. 물론 횟수의 제한이 있고 효과가 더디게 나타나기 때문에 환자의 순응도 역시 중요한 문제다. 하지만 자신이 마중물 요법을 통해 조금이라도 효과를 느끼는 순간 마중물 요법에 대한 순응도는 급속히 올라간다. (211쪽 마중물 요법 참고)

B 씨는 불안정한 정서 상태는 당장이라도 자해나 자살을 할 것같이 급박한 느낌이었다. 하지만 자신을 돌보기 위해 아버지와 같은 공간에 존재하는 순간 극도의 답답함과 괴로움을 느끼게 되면서 아버지와의 관계가 편하고 좋은 것만은 아니었다는 것을 알게 되었다.
분노의 대상이 누구인지 생각해 내자 왜 아버지에게 화가 났는지도 알게 되었다.
그리고 그것을 의식상에 떠올리고 다루게 되면서 단순한 우울과 불안장애로 바뀌게 되었다.

B 씨의 경우 감히 아버지에게 불만이나 화가 났다는 사실조차 자책하는 빌미가 되면서 아버지에 대한 분노를 극단적으로 억압했던 것으로 보인다.

> B 씨의 경우
> 감히 아버지에게
> 불만이나 화가 났다는
> 사실조차 자책하는
> 빌미가 되면서
> 아버지에 대한
> 분노를 극단적으로
> 억압했던 것으로
> 보인다.

물론 아버지에게 그 분노를 표출시킬 필요가 없다는 것도 알고 있다. 아버지의 답답함이 하루이틀이 아니었으므로 그냥 자신이 독립하기로 한 것이다.

그 후 경과도 좋아져서 처음 극도의 공포심과 절망감으로 진료실을 찾았을 때와는 비교할 수 없을 정도로 밝아졌다.

결론

이 사례가 보여주는 점은 본능인자인 결핍, 분노, 욕구 중에 어느 하나만 두드러질 때 나머지는 보지 않아도 문제가 존재한다고 유추할 수가 있다는 것이다. 예외는 없다.

아무리 살펴보고 찾았는데도 원인 모를 문제가 있다면 본능인자를 바탕으로 찾을 수가 있을 것이다.

분노는 결핍을 복구하기 위해 만들어진 비언어적 방법이다. 하지만 나이가 들어 언어를 배우고 사회화가 되면 분노는 사회적 벽을 넘지 못한다. 결핍을 복구하기 위해 사회적으로 용인되는 방법을 찾은 것이 결국 인정욕구다.

결핍과 분노를 철저히 억압하다 보면 인정욕구

인정욕구
분노는 결핍을 복구하기 위해 만들어진 비언어적 방법이다. 하지만 나이가 들어 언어를 배우고 사회화가 되면 분노는 사회적 벽을 넘지 못한다. 결핍을 복구하기 위해 사회적으로 용인되는 방법을 찾은 것이 인정욕구다.

가 너무 두드러지게 된다. 너무 비대해진 인정욕구가 문제를 일으킨다면 억압된 결핍과 분노를 돌아보아야 한다는 뜻이다.

또한 인정욕구조차 오랫동안 충족되지 못한 채 살아야 했던 사람을 가정해 보자. 결핍을 복구하기 위해서 분노를 만들었고 그 분노로는 사회적으로 용인되는 결핍 복구가 불가능하여 억압되었고, 인정욕구에 매달리지만, 그마저도 신통치 않다고 가정해 보자.
그렇게 되면 자신의 결핍이 직접 채우기 위해 나서는데 주로 기본적 욕구인 식욕이나 수면욕을 사용하게 된다. 식욕을 채우거나 잠을 자는 것은 그렇게 큰 비용과 노력이 들지 않으면서도 결핍이 채워지는 듯한 느낌이 많이 드는 욕구이기 때문이다.
인정받지 못하는 젊은이가 폭식하거나 하루 종일 잠만 자는 이유가 거기에 있는 것이다.

기본적인 욕구에 매달리거나 인정욕구에 매달리는 사람들은 많은 양의 분노가 억압되어 있다는 것을 미리 짐작하고 있어야 한다.

마찬가지로 결핍도 심하다는 것을 미리 깨닫고 있어야 한다. 분노 역시 기본적 욕구와 확인욕구, 인정욕구가 채워지지 않아서이며 그 바닥에는 채워지지 않은 성장기 결핍의 존재가 있다는 것을 알아야 한다.

3. 에너지 경제론

에너지 경제론1   K심리학에서는 불편함을 없애고 편함을 추구하는 과정에서 욕구가 발생하게 되었다고 설명한다. 그 욕구의 결핍을 해결하기 위해서 점차 상위의 욕구들이 발달하게 되었다. 그리고 그 다양한 욕구들을 '수월하게' 만족시킬 때 발생하는 만족감을 통틀어 심리적 에너지라고 부른다.

심리적 에너지는 욕구와 함께 암수 한 쌍을 이룬다고 할 수 있다. 욕구는 에너지를 포집하는 수용체 역할을 한다. 그렇게 모인 각종 욕구들의 만족감은 하나의 에너지 응집체로 압축된다. 그것이 점점 자신의 자부심을 대표하게 되며 그것을 자존감이라 부른다.

'나'는 어린 시절 다양한 욕구를 충족하기 위해 노력하는 존재였으나 점점 그 욕구 충족의 결과물들이 응집되어 심리적 에너지가 만들어지면 그것을 추구하는 존재로 바뀌게 된다.

K심리학에서 '나'는 큰 테두리에서 심리적 에너지 축적을 목표로 경제활동을 하는 존재이며 그 속에 또 다른 실물 경제활동을 병행하는 존재로 본다. 심리적 에너지 경제 속에 실물 경제가 포함되는 것이다.

대부분의 '내'가 의식에서 느끼고 인식하는 부분은 실물경제이고 심리적 에너지 경제는 대부분 무의식에 잠겨있다. 그런 의미에서 '나'는 이중 경제생활을 하고 있다고 말할 수 있을 것이다. 실물 경제와 심리적 에너지 경제는 서로 배타적으로 보일 때가 있으나 상호 의존적이기도 하다.

심리적 에너지 경제가 파산하게 되면 정신적·신

📃 **심리적 에너지**
K심리학에서는 불편함을 없애고 편함을 추구하는 과정에서 욕구가 발생하게 되었다고 설명한다. 그 욕구의 결핍을 해결하기 위해서 점차 상위의 욕구들이 발달하게 되었다. 그리고 그 다양한 욕구들을 '수월하게' 만족시킬 때 발생하는 만족감을 통틀어 심리적 에너지라고 부른다.

체적 증상들이 발생하게 된다.

에너지 절벽
에너지의 지출이 갑자기 일어나는 것

에너지 절벽이란 자신의 에너지가 갑작스럽게 빠져나가는 느낌, 기분 좋은 상태가 가파르게 줄어드는 느낌, 편안함이 돌발적으로 감소하는 느낌을 말한다.

또는 에너지 소모, 기분 나쁜 느낌, 불편함이 폭발적으로 증가하는 느낌을 말한다. 그래프를 그리자면 에너지가 일정한 상태를 유지하다가 바닥으로 뚝 떨어지면서 절벽을 형성하는 것이다.

이 에너지 절벽이 중요한 이유는 모든 사람이 이 에너지 절벽을 싫어하기 때문이다. 정확히 말하면 이 에너지 절벽이 예상되는 순간을 극도로 꺼린다는 뜻이다. 물론 사람마다 같은 경험이라도 다르게 반응한다. 또는 사람마다 겪는 경험이 다를 수밖에 없다. 정도의 차이는 있지만, 이 에너지 절벽을 싫어하는 것만은 사실이다.

강박사고와 강박행동
자신의 경험상 느껴질 에너지 절벽의 가능성을 조금이라도 줄여보고자 하는 것

특히 이 에너지 절벽을 예민하게 느끼고 반응

하는 사람이 강박증이 있는 사람들에 해당한다. 자신의 경험상 느껴질 에너지 절벽의 가능성을 조금이라도 줄여보고자 하는 것이 바로 이 강박사고와 강박행동이다.

이 에너지 절벽이 형성되려면 반드시 필요한 것이 바로 과거의 경험이다.

과거의 경험에서 돌발적인 에너지 절벽을 느꼈던 사람이라면 그 에너지 절벽이 언제 다시 나타날까? 전전긍긍하게 된다. 그래서 자신이 막을 수 있다고 생각하는 갖가지 방법과 생각을 동원하여 그 에너지 절벽을 막고자 하는 것이다. 될 수 있는 대로 변수를 줄이려고 한다. 습관을 벗어나서는 안 되는 것이다. 무엇을 하더라도 늘 자신이 해왔던 방식과 해왔던 순서를 고집하게 된다. 돌발적인 의외성을 줄이고자 하는 것이다.

월요병	에너지 절벽의 대표적인 예로서 월요병을 들 수 있겠다. 다음 날 아침 출근이 싫어서 일요일 저녁부터 불안해지거나 우울해지는 사람을 생각해 보자.

📋 **월요병**
다음 날 아침 출근이 싫어서 일요일 저녁부터 불안해지거나 우울해지는 것

주말이 편안하면 편안할수록 월요일 아침에 해야 하는 출근은 너무 기분 나쁜 일이다. 편안한 주말에 비해 불편해지는 일이며 에너지가 갑자기 소모되는 일이다. 예상되는 에너지 절벽이 너무 부담스럽고 무서워진다. 그래서 적극적으로 그 에너지 절벽을 걱정하고 불안해하는 것이다. 미리 걱정하여 에너지 절벽의 충격을 완화하겠다는 뜻이다.

에너지 절벽으로 떨어져 다칠까, 걱정되는 사람은 스스로 사전에 절벽을 무너뜨리고자 노력하는 것이다. 마치 절벽 밑으로 내려가는 계단을 파는 것과 같은 작업을 한다. 불안과 걱정으로 스스로 기분이 점점 나빠지게 한다는 것이다. 그렇게 미리 기분이 나빠져야 막상 월요일 아침에 닥쳐오는 기분 나쁜 절벽을 절벽으로 느끼지 않고 기분 나쁨으로 인식하지 않게 된다. 이미 기분이 나빠져서 월요일 아침을 맞았으므로 추가로 기분이 나빠질 일이 없는 것이다.

가끔 덤도 얻을 수 있다. 그 전날부터 월요일 출근에 대한 부담(기분 나쁨)과 걱정 때문에 미리 기분이 나빠진 상태를 과도하게 만든다. 그

> 에너지 절벽으로 떨어져 다칠까 걱정되는 사람은 스스로 사전에 절벽을 무너뜨리고자 노력을 하는 것이다. 마치 절벽 밑으로 내려가는 계단을 파는 것과 같은 작업을 한다.

러면 막상 실제 월요일이 되어 출근해 보면 생각보다 부담(기분 나쁨)이 훨씬 덜하다는 것을 깨닫고 오히려 기분이 좋아지기도 하는 것이다.
(이 부분은 다음에 설명할 〈상황중독〉에서 상황중독과 같이 작용하게 된다)

심리적 피부   심리적 피부란 심리에도 감각기관이 존재한다는 가정하에 설정되는 일종의 통증 감지 기관이라고 할 수 있다.

피부는 우리 몸을 감싸고 있고 외계와 맞닿는 첫 번째 기관이다. 만약 외부의 날카로운 물체가 피부를 뚫고 들어오면 엄청난 통증을 느끼게 된다.
마찬가지로 심리에도 피부가 존재하며 어떤 심리적 사건이 이 피부에 부딪히거나 피부를 뚫고 들어갔을 때 통증을 느끼게 된다.
만약 피부에 각질층도 없이 진피만 존재한다고 생각해 보자. 예를 들어 발바닥이나 손바닥에 잡힌 물집이 벗겨지면 진피층이 나타난다. 이 진피층은 살짝만 닿아도 쓰라린 통증이 느껴진다.

마찬가지로 우리의 심리에 에너지가 없다면 이 각질층이 모두 다 벗겨진 상태로 진피층이 고스란히 노출된 상태가 되는 것이다. 그 상태라면 누군가와 살짝만 닿아도 아플 것이다. 심리적 피부를 보호하는 각질층의 역할을 하는 것이 심리적 에너지다. 심리적 에너지가 두꺼울수록 웬만한 상처나 웬만한 에너지 절벽으로는 피부에 닿지 않을 것이다.

예를 들면 오랫동안 노총각으로 외롭게 지내고 있는 직장의 간부를 상상해 보자.

흔히 얘기하는 대로 히스테리도 부리며 마음에 여유가 없는 사람이었다. 사소한 일에도 자주 짜증을 부리고 늘 우울한 얼굴이다.

그런 그에게는 몇 년간 짝사랑하던 여자가 있었는데 그 여자는 눈길 한 번 주지 않는 도도한 여자였다. 그러던 그녀가 웬일인지 호의를 보이며 데이트를 신청했다고 생각해 보자.

> **심리적 피부**
> 심리에도 감각기관이 존재한다는 가정하에 설정되는 일종의 통증 감지 수준이라고 할 수 있다.

첫 번째 데이트 약속이 잡힌 이 노총각은 얼마나 설레겠는가? 두근대며 그 데이트만 생각해도 기분이 좋아질 것이다.

기분이 좋아지는 것은 명백한 에너지 유입 상태라고 할 수 있다. 이런 상태에서는 부하직원의 사소한 실수도 눈감아 줄 수 있게 된다. 평소 예민했던 층간 소음도 별로 신경 쓰이지 않게 되며 낯선 사람과의 사소한 시빗거리조차 전혀 기분 나쁜 통증으로 인식되지 않게 된다. 고대하던 그 순간이 이제 곧 닥칠 것을 상상하면 누가 뭐라 해도 기분이 좋을 것이다. 그 기분 좋음은 에너지가 되고 그 에너지가 주변의 일상적인 공격에서 '나'를 보호할 것이다.

두 가지 개념 이 예에서 **심리적 피부**가 존재한다는 것과 그 심리적 피부를 보호하는 것이 바로 **에너지**라는 것을 쉽게 알 수 있다.

만약 **심리적 피부**라는 것을 느껴 본 적이 없다고 생각하는 사람은 에너지가 많은 사람이라고 할 수 있다. 한 번도 심리적 피부를 보호하는 에너지 껍질이 벗겨져 본 적이 없는 사람이기 때문이다.

한 가지의 조건이 더 존재한다. 그것은 에너지 껍질을 뚫고 심리적 피부를 잔인하게 짓이기는 **에너지 절벽**이 살면서 한 번도 없어야 한다. 바로 그 순간을 사람은 **트라우마**로 기억하게 되는 것 같다.

 만약 에너지 절벽이 있었지만, 그 에너지 층이 두꺼워서 심리적 피부에 닿지 않았다면 그 에너지 절벽을 고통스러워할 이유가 없다. 그러므로 심리적 통증이나 트라우마라고 일컬어지는 것에는 에너지 절벽과 심리적 피부라는 개념이 동시에 작용하게 되는 것이다. 이 두 가지의 개념은 심리적 에너지를 얘기하는 데 있어 중요한 도구가 된다.

> 📝 **두 가지의 개념**
> 심리적 통증이나 트라우마라고 일컬어지는 것에는 **에너지 절벽과 심리적 피부라는** 개념이 동시에 작용하게 되는 것이다.

에너지의 지출이 갑자기 일어나는 것이 에너지 절벽이며 이 에너지 절벽이 심리적 피부를 뚫고 내려가면 극도의 고통(분노, 무기력, 우울, 수치, 자기혐오 등의 '기분 나쁜' 느낌)과 함께 심한 에너지 소모가 폭발적으로 일어난다.

그리고 이러한 에너지 절벽을 예측하여 나타나는 불안과 공포 역시 의식 밖에서 또 다른 에너지 절벽을 만들게 되는 모순된 행태를 보인다.

하지만 에너지 절벽이 아무리 과도하게 일어난다고 하더라도 피부 위 두꺼운 옷처럼 아주 두꺼운 에너지 층이 존재한다면 심리적 피부에 닿지 않게 된다. 심리적 피부에 직접 닿지 않았으므로 고통도 없으며 폭발적인 에너지 소모도 없을 것이다.

작은 일에도 쉽게 PTSD에 걸리는 사람과 반대로 큰일을 당해도 걸리지 않는 사람을 설명하는데도 이러한 심리적 피부 위에 쌓인 에너지의 두께와 그것을 헤집는 에너지 절벽의 누적되는 높이로 설명하면 쉽게 이해할 수 있다.

자존감의 구성 성분

자기가치감 어떤 조건이나 대가 없이도 자신을 존중받아 마땅한 사람이라고 여기는 마음. 한번 생기면 큰 문제가 없는 한 변하지 않는다.

자기효능감	자신의 쓰임새나 사용감을 통해 자신의 가치감을 느끼는 마음. 노력하여 성과를 내고 그 성과를 통해 타인으로부터 받는 인정을 통해서 자신의 가치를 확인하는 마음. 자기가치감의 형성이 멈추는 순간부터 발생하며 한번 생겼다고 해서 고정되지 않는다. 늘 증명해야 문제이므로 때로는 다 채워지기도 하지만 때로는 텅 비기도 한다. 즉 변수에 따른 고갈 위험이 크다.
자존감의 형성	종류별로 나뉜 욕구들이 전반적으로 충분히 채워지면 각 욕구에 해당하는 심리적 에너지가 따로 모여 에너지 응집체가 형성되는데 이것이 자존감을 형성한다.
자기가치감의 형성	자기가치감은 양육자가 '나'를 아무런 대가와 조건 없이 양육해 줄 경우에 생성된다. 양질의 양육을 아무런 대가 없이 받을 경우 자신은 이 정도의 양육과 환경을 받고 누릴 자격이 있다

고 생각한다.

이 생각은 어릴수록 잘 형성이 되며 타자변형적 태도(〈마음의 지도〉 참조)가 유지되는 한 계속 만들어질 것이다. 타자변형적 태도는 자신의 불편함을 타인에게 채우게 하고 해결하도록 요구하는 태도를 말한다.

그리고 양육자가 그런 태도에 이의를 제기하지 않는 한 자신의 불편을 해소하는 주된 방법이 될 것이다. 만약 양육자에 의해서 타자변형적 태도가 바뀌지 않으면 자기가치감이 너무 넘치게 되어 타인의 자존감을 훼손하게 될 수도 있으므로 적절해야 한다.

자기효능감의 형성

결국 자기가치감은 양육자에 의해서 종결된다. 자연스럽게 일어나는 현상이다. 양육자에 의해 기본적욕구와 확인욕구가 채워지지만, 더 이상 양육자의 심기를 거스르면서까지 일방적으로 채워질 수 없게 된다.

양육자에게 인정받지 않으면 자신의 불편함이 사라지지 않는(인정욕구 형성) 시기를 거치면서 드디어

📋 **자기효능감**
다른 사람(양육자)에게 인정받기 위해 자기가 스스로 노력하는 것

다른 사람(양육자)에게 인정받기 위해 자기가 스스로 노력하게 된다. 타자변형적 태도에서 자기변형적 태도로 바뀌는 것이다. 그때부터 타인에 대한 공감 능력을 배우며 타인에 대한 배려를 배운다.

그러므로 타자변형적 태도에서 자기변형적 태도로 패러다임이 바뀌는데 이는 반드시 일어나야 하는 현상이다. 이 시기의 욕구는 확인욕구에서 인정욕구가 만들어진다.

확인욕구 결핍을 해결하기 위해 발생하는 인정욕구 형성은, 타자변형적 태도에서 자기변형적 태도로의 변화와, 자기가치감의 성장이 멈추고 자기효능감이 만들어지기 시작하는 것과 함께 동시에 일어난다.

어떻게 보면 하나의 본질적인 변화를 세 가지의 방향에서 바라보고 기술한 세 가지의 발현 형태라고 볼 수 있다.

그리고 기본적욕구와 확인욕구의 결핍이 심하여 인정욕구가 커지면 커질수록 자기변형적인 태도가 더 심해지며 자존감의 구성 성분 중 자기가치감은 줄어들고 자기효능감의 비중은 더 커지게 된다.

자존감의 특징

자존감은 자기가치감과 자기효능감의 합이다. 이 두 가지 구성 성분은 '나'의 자존감을 구성하는 데 있어서 서로 배타적이며 서로 상보적이다. 가치감이 상승하면 효능감이 줄어들고 효능감이 상승하면 가치감이 줄어든다. 자기가치감이 100%이면 '나'는 행복한 삶을 살 수 있겠으나 사회에서 어울려 살아갈 수 없고, 자기효능감이 100%이면 사회에서 어울려 잘 살아가는 것처럼 보일 수 있으나 사실은 '내'가 죽을 만큼 버거워진다.

자기가치감은 어린 시절 받았던 부모의 양육으로부터 만들어진다. 양육자가 아무 대가 없이 지속적이고 무조건적인 양육을 베풀었다면 자기자존감은 점점 커질 것이다.

자존감
자기가치감과
자기효능감의 합

기본적욕구와 확인욕구를 비롯해 인정욕구까지 아무런 노력과 대가 없이 채워지는 경험을 하다 보면 자신의 다양한 욕구 충족으로부터 모인 심리적 에너지는 모두 자기 가치감으로 형성된다.

반면 양육자가 '나'(피양육자)에게 항상 양육을 받기 위한 조건을 제시하거나 노력을 요구할 경우, 또는 지나친 결핍이나 양육의 부재가 발생할 경우, 다시 말해 양육 받을 자격을 끊임없이 검증하여 '나'의 노력을 요구할 때 자기가치감의 형성은 멈추고 자기효능감이 형성되기 시작한다.

만약 영유아부터 양육의 결핍이 지속적으로 심할 때는 자기가치감이 0이 될 것이다. 그리고 자신의 가치를 증명하기 위해서 자기효능감을 만들고 거기에 매달리게 될 것이다.

어렸을 때 양육에 의해 형성되는 자기가치감은 양육의 질과 시간에 따라 그 양이 고정되며 자존감 내의 그 구성비도 고정되어 바뀌지 않는다.

일반적으로 자존감이 낮다고 평가할 경우, 엄밀히 말하면 자기가치감의 구성비가 낮다는 뜻이다. 이런 사람의 자존감은 대부분 자기효능감으로 이루어져 있다. 이런 사람일수록 자기의 가치를 증명해 내지 못하면 자존감이 0에

> 일반적으로 자존감이 낮다고 평가할 경우, 엄밀히 말하면 자기가치감의 구성비가 낮다는 뜻이다.

수렴하게 된다. 타인에게 인정받지 못하여 자기효능감이 0이 되면 자기가치감도 없으므로 자존감 전체가 0에 수렴한다. 쉽게 죽음을 떠올리게 되고 자신을 쉽게 내팽개친다.

자기가치감이 조금이라도 남아 있다면 자존감은 크게 타격받지 않는다. 자기 가치감이 10%만 남아 있다고 하더라도 죽고 싶다는 생각은 덜 할 것이다. 당장 자기효능감을 올리는 데 실패해서 0이 되었지만 자기가치감의 미약한 존재로나마 자존감 전체가 0은 아니게 되며, 다시금 자기효능감을 얻을 기회를 엿보게 해주는 종잣돈 역할을 할 수가 있다.

이상적인 양육   이상적인 '나'의 자존감 구성비를 생각해 보면 자기가치감이 없어서는 안 되지만 자기효능감보다 더 커서는 안 된다고 생각하여 10%에서 40%의 자기가치감이 존재하고 나머지는 모두 자기효능감으로 채워져야 한다고 보는 것이 이상적일 것이다.

한국 사회에서는 조금 더 자기효능감이 필요한 사회이다. 그러므로 10~20%가 적당할 것으로 보인다.

실제로 자존감의 저하로 문제가 되는 사람들은 자기가치감이 거의 없는 경우가 많았다. 조금이라도 자기가치감이 존재한다면 크게 유용하다. 자기효능감이 무너져서 제 기능을 못 할 때 약간의 자기가치감만 있어도 충분히 자신을 지켜 가는 데 큰 문제가 없었다.

자기가치감을 키우는 양육이라면 조건 없는 양육이 제일 좋겠지만, 자기가치감이 50% 이상이 되면 타자변형적 태도에서 자기변형적 태도로의 변화가 발생하지 않았다는 얘기이며 또 한편으로는 인정욕구도 발생하지 않았다는 뜻이다.

자기변형적 태도가 발생하지 않게 되면 타인에 대한 배려나 타인에 대한 공감 능력이 떨어질 수가 있다. 심각한 경우에는 인성 형성에 문제가 생긴다.

인정욕구 또한 약해지기 때문에 사회에서 자신의 자아실현에 대한 욕구가 저하되어 자신

📋 **이상적인 '나'의 자존감 구성비**
자기가치감이 없어서는 안되지만 자기효능감보다 더 많아서는 안된다. 10%에서 40%의 자기가치감이 존재하고 나머지는 모두 자기효능감으로 채워져야 한다고 보는 것이 이상적일 것이다.

만의 기본적욕구나 확인 욕구 추구에만 매달리게 되는 경향이 발생한다.

또는 실제 사회에서의 인정욕구 충족 대신에 가상 세계로 옮겨서 얻는 인정욕구 충족만으로도 충분히 만족한 상태가 된다. 그러므로 외부인과의 접촉을 줄이고 살아가는 사람이 될 수도 있다. 이는 긍정적이거나 부정적인 형태 모두 마찬가지로 발생할 수 있다.

그러므로 양육 단계에서 기본적욕구와 확인욕구의 충족이 충분하다고 생각되면 가족관계에서 해야 하는 역할과 사회에서 해야 하는 역할에 대해서 선을 긋고 해야 하는 것과 해서는 안 되는 것에 대한 일관된 가르침이 필요하다. 양육자의 이익을 위해 '나'의 이익을 포기할 수도 있으며 그 포기를 당연하게 받아들일 수 있어야 한다. 양육자에게 적절한 노력(심리적 에너지)을 제공하고 그 대가로 칭찬과 인정을 받는 것을 당연하게 생각할 수 있어야 한다.

> 자기변형적 태도가 발생하지 않게 되면 타인에 대한 배려나 타인에 대한 공감능력이 떨어질 수가 있다. 심각한 경우에는 인성 형성에 문제가 생긴다.

자존감의 교정 자존감의 구성비는 성장 과정에서 한 번 정해지면 바뀌지는 않은 것으로 보인다. 아무리 자존감을 높이려고 노력해 봤자 결국 자기 효능감이 높아질 뿐이다. 그래서 자기가치감이 0에 가까운 사람에게는 마중물 요법이 효과적이다.(211쪽 마중물 요법 참고)

 마중물 요법은 그 출신이 자기효능감이란 태생의 한계가 존재한다. 작은 행동 하나하나에 대한 가치를 평가하는 것이므로 자기효능감에 해당하기 때문이다. 그러므로 마중물 요법을 최대한 많이 한다고 해서 자기가치감이 상승하지는 않는다.

다만, 마중물 요법에 해당하는 내용이 모든 사람이 매일하고 있기도 하고 매일 해야 하는 가장 기본적인 내용으로 채워져 있기 때문에 일반적인 사람이라면 일상생활 그 자체의 가치가 높아지는 것으로 여겨진다. 그러므로 느낌으로는 거의 자기가치감에 해당하는 심리적 에너지가 채워진다고 할 수 있다.

타인에게 자신의 쓸모를 증명하는 자기효능감에 몰두하는 사람은 번아웃 증후군(burn out syndrome)이 올 가능성이 아주 높다.

자기효능감이 높은 사람들의 특징이 질 낮은

자기효능감을 사용하고 있다고 할 수 있다. 자신의 에너지를 하나 쓰지 않아도 에너지가 양육자에 의해 저절로 들어왔던 자기가치감에 비해 자기효능감은 자신이 쓸모 있는 사람이라는 것을 늘 증명해야 한다.

그러므로 자기효능감으로 들어온 에너지는 자신의 쓸모를 증명하면서 빠져나간 에너지의 대가일 뿐이다. 자신이 가지고 있는 에너지를 사용하여 타인에게서 더 큰 에너지를 벌어 와야 한다. 그러니 에너지를 교환해야 하는데 에너지가 잘 못 교환되면 오히려 큰 적자를 볼 수도 있다. 장사를 잘못한 것이다. 자신의 쓸모를 증명하기 위해서 10배 30배의 에너지 교환을 한다면 자기효능감을 얻기 위해 노력하다가 오히려 에너지가 바닥나게 되는 결과를 초래하게 된다.

그래서 타인에게 자신의 쓸모를 증명하는 자기효능감에 몰두하는 사람은 번아웃 증후군(burn out syndrome)이 올 가능성이 아주 높다.

만약 마중물 요법을 통해서 자기효능감을 높이게 된다면 이런 부분에서 개선이 된다. 타

> **마중물 요법을 통해서 자기효능감을 높이게 된다면**
> 타인에게 자신의 쓸모를 증명하는 것이 아니라 자신에게 쓸모를 증명하는 것이므로 증명하는데 소모되는 노력이 타인에게로 빠져나가지 않는다.
> 타인에게 쓰는 노력이라면 몇 배로 소모되었을 에너지까지 전부 자신에게 들어오는 것이라 에너지 낭비가 없다.

인에게 자신의 쓸모를 증명하는 것이 아니라 자신에게 쓸모를 증명하는 것이므로 증명하는 데, 소모되는 노력이 타인에게로 빠져나가지 않는다. 타인에게 쓰는 노력이라면 몇 배로 소모되었을 에너지까지 전부 자신에게 들어오는 것이라 에너지 낭비가 없다.

그러므로 자기효능감이 떨어져서 번아웃 증후군이 온 사람들은 마중물이 특효일 수밖에 없다. 마중물 자체가 세 가지(기본적 욕구, 확인욕구, 인정욕구) 욕구들을 동시에 채워주는 형태이므로 스스로 욕구도 충족하여 에너지를 얻으면서도 자신의 효능감도 높임과 동시에 에너지 낭비를 막아주니 세 가지 측면에서 동시에 에너지를 모으는 방법이다.

4. 무의식의 형성

무의식의 형성 K심리학에서는 무의식의 형성을 억압과 기억의 저장공간 부족으로 인한 차고 넘침, 오래된 습관을 통한 절차기억(procedural memory)을 거쳐 만들어진다고 본다.

무의식의 에너지적 관점 심리적 에너지 관점에서 보았을 때 무의식이 형성되는 기전은 심리적 에너지를 아끼기 위해서라고 판단된다.

억압 역시 현실의 감정이 너무 많은 에너지를 소모하고 있기 때문에 무의식으로 누르려고 하면서 생긴 현상이다. 의식의 저장공간 부족으로 인해서 무의식으로 밀려난 기억들과 오래된 습관을 통해 무의식화된 기억들 역시 심리적 에너지 소모를 최소화하기 위해서다.

하지만 억압만큼은 심리적 에너지를 아끼기 위해 억눌렀다는 취지가 무색해지는 결과를 보인다. 억눌린 기억에 붙어 있는 안 좋은 감정으로 인하여 심리적 관성이 만들어지고 이 심리적 관성이 자주 뜻하지 않게 현실로 불려 나오게 된다. 에너지를 위해 눌러두었지만, 시간이 지나면 지날수록 오히려 전체 에너지 소모량은 훨씬 더 커지는 역설을 겪게 된다.

그러므로 이 심리적 관성을 잘 이해하고 어떻게 해소하여 없애는가는 K심리학에서 가장 중요하게 여기는 부분이다. 마중물 요법이 에너지를 모으는 방법이라면 심리적 관성을 해소하는 것은 줄줄 새는 에너지를 막아 에너지를 관리하는 방법이 될 것이다.

기전
1. 바둑이나 장기의 승부를 겨루는 일
2. 의학적으로 약물이나 치료가 효과를 나타내는 과정이나 원리를 설명하는 용어

심리적 관성 어렸을 때나 과거에 좋지 않은 기억 속의 괴로운 감정을 억누르다 보면 감정을 누르지 못하고 감정이 발생하는 기억을 누르게 된다. 기억이 바뀌면 감정은 자연스럽게 환기되기 때문이다.

문제는 그것을 너무 심하게 억누를 때 발생한다. 만약, 정말 싫은 감정과 기억을 다시 불러일으키는 문제를 현실에서 맞닥뜨렸다고 하자. 현실의 문제를 찬찬히 들여다보면서 이성적으로 해결하기보다는, 그것을 빨리 덮어버리거나 최대한 피하려 할 것이다. 그 반응은 아주 어렸을 때였다면 최선이라 할 수 있겠으나, 이미 성인이 되었음에도 같은 반응을 보인다면 이는 전혀 기능적이지 못한 것이다.

그렇게 떠올리기 싫은 기억을 불러일으키는 상황에서 현재 나의 상태와 상관없이 어렸을 때나 했을 법한 반응이 한결같이 나오는 경우를 심리적 관성이라 정의한다. 비슷한 기존의 용어로는 트라우마, 또는 콤플렉스가 있다.

📑 **심리적 관성**
기존의 이론으로는 트라우마, 컴플렉스, 내면 아이라는 이름으로 불리웠던 존재들이다. 정신분석 상황 하에서의 전이 역시 마찬가지다.

기억이 전반적으로 억눌리면, 기억을 재료로 사

용하는 인지기능도 같이 떨어진다. 인지기능이 떨어진 상태에서는 눈앞에 놓여있는 '과거의 감정을 불러일으키는 현재의 '문제'를 제대로 해결할 수가 없는 것이다.

하지만 현재의 불편한 감정을 회피하기 위해서는, 이 문제를 해결해야만 한다. 그럴 때, 과거 비슷한 상황에서 쓴 적 있던 방법을 사용하게 된다. 물론 이는 어릴 때 사용했던 방법이므로, 문제를 회피 혹은 외면하거나, 모른 체 하는 등의 행동을 의미한다. 그것은 어릴 때는 꽤 적응적인 방법이었겠지만, 조금 더 성장한 어른에게는 때로 최악의 선택이기도 하다.

이후에는 그 문제에 형편없이 반응한 자기 자신을 혐오하게 되며, 부정적인 감정이 강화된다. 강화된 부정적 감정은 비슷한 다음번 상황에서 더 크게 억압받는다. 자신의 반응 방식이 마음에 들지 않지만 기억이 억압된 상황에서는 또다시 인지기능이 저하되며 머릿속이 하얘진다.

떨어진 인지기능하에서 현재의 문제를 처리하기 위

📝 **심리적 관성**
무의식 속에 있는 떠올리기 싫은 감정들을 오랜 시간에 걸쳐 억압했을 때, 항상 싫은 감정의 원인이 되는 바보 같은 자신의 반응이 반복해서 다시 나타나는 현상

떨어진 인지기능하에서 현재의 문제를 처리하기 위해 자기 혐오의 가장 큰 원인이자 절대로 회피하고 싶었던 어린 시절의 해결책이 무의식중에 다시 재현된다. 회피 혹은 외면하거나, 모른 체 하는 등의 행동

해 자기혐오의 가장 큰 원인이자 절대로 회피하고 싶었던 어린 시절의 해결책이 무의식중에 다시 재현된다. 이를 심리적 관성이라고 한다.

|심리적 관성의 해소|심리적 관성은 한 번 만들어지면 좀처럼 해소되지 않는다. 심리적 관성이 형성되면 그 관성 속은 여간해서는 의식이 침범하기 어렵기 때문이다.

심리적 관성이 발현되었다는 뜻은 정말 '내'가 싫어하는 감정을 느끼고 있다는 뜻이고 그 싫어하는 감정을 느끼기 싫어서 억압하고 있다는 뜻이며 감정이 잘 억압되지 않아 기억을 억압하고 있다는 말이다. 기억이 억압되었다는 뜻은 인지기능이 작동하고 있지 않다는 뜻이다.

그러므로 의식을 담당하는 인지기능이 심리적 관성 속에서는 발현되기가 어렵다. 그 상황이 끝나고 주의가 환기된 후에야 비로소 인지기능이 작동하기 시작하여 자신의 심리적 관성이 만들어 놓은 결과물을 참담한 심정으로 바라보게 된다.

심리적 관성의 해소는 결국 심리적 관성 속에서 인지기능을 작동시키면 되는 일이다. 하지만 그것이 쉽지만은 않다. 심리적 관성 속은 무의식이므로 자신이 심리적 관성 속에 사로잡혔다는 자각조차 일어나지 않기 때문이다.

먼저 자신이 심리적 관성 속에 빠졌다는 자각을 하는 것이 가장 선행되어야 한다. 이 쉽지 않은 일을 조금이라도 쉽게 만들기 위해서는 자기와 대화하는 습관을 들일 필요가 있다.
마중물 요법 또한 이 자각의 훌륭한 조력자다.

지속적으로 자신과 대화하다 보면 어느 순간 자신이 곤란한 상황에 빠져들어 느끼지 않아도 될 안 좋은 감정을 느끼고 있다는 것을 깨닫게 될 것이다.
안 좋은 감정을 참고 견디는 것은 반드시 에너지 소모를 수반한다. 그래서 어느 상황이나 필요 이상으로 안 좋은 감정이 들면 먼저 자신이 스스로 심리적 관성에 빠져들었다는 것을 깨달아야 한다. 만약 안 좋은 감정이 심리적 관성에 빠져들었다는 표식이란 것을 깨닫지 못하더라도 에너지가 빠져나가는 느낌 역시 심리적 관성 속에 빠져 있다는 뜻이라는 것을 깨달아야 한다.므로 바로 그 에너지가 빠져나가는 느낌을 심리적 관성에 빠져 있다는 상황이라는 것을 알아채는 표식으로 삼아도 좋다.

자신이 심리적 관성 속에 빠져 있다는 것을 깨달았다면 얼른 이 관성 속에서 빠져나와야 한다. 심리적 관성 속의 '나'는 그 안 좋은 감정으로 인해 심리적 관성이 최초로 만들어졌던 당시의 '나'이므로 어린 '나'이다. 어린 '나'는 심리적 관성 속에 빠져 있었기 때문에 정상적인 성장을 이루지 못했다.

그러므로 '내'가 심리적 관성 속에 빠져 있다는 것을 자각하는 순간 '나'는 현재의 어른으로 돌아올 것이다.

그렇게 심리적 관성을 빠져나온 어른의 '내'가 어린 '나'의 불합리하고 비논리적이며 적절하

> '내'가 심리적 관성 속에 빠져 있다는 것을 자각하는 순간 '나'는 현재의 어른으로 돌아올 것이다.

지 않은 사고와 감정을 돌아보고 어린 '나'의 보호자 관점에서 공감과 위로 또는 교정과 설득을 해야 한다. 때로 공감과 위로만으로 해소되는 경우도 있으나 심각한 심리적 관성일수록 어린 '나'의 기묘한 논리를 반드시 이기고 이해시켜야 할 때도 있다.

물론 제삼자의 관점에서 자신을 객관적으로 바라볼 수 있어야 함은 물론이다. 그 부분이 심리적 관성에 빠진 '내'가 가장 안 되는 어려운 부분이기도 하다.

이런 부분은 나중에 심리적 관성에서 빠져나왔을 때 충분히 생각해 두었다가 다시 비슷한 심리적 관성이 찾아왔을 때 적용하는 것도 하나의 방법이다.

무엇보다 자기 자신을 향한 내적 성찰이 중요하다. 물론 어렵다면 주변의 지인이나 상담소, 정신과를 이용하는 것도 도움이 될 수 있다.

하지만 정작 심리적 관성이 찾아와서 휩싸였을 때 바로 그때 눈치를 채고 빠져나와야 하므로 그때는 오로지 자기 자신밖에 없다는 것을 명심하자.

심리적 관성의 예 주변에서 흔히 볼 수 있는 상황이다. 기존의 이론으로는 트라우마, 컴플렉스, 내면 아이라는 이름으로 불렸던 존재들이다. 정신분석 상황에서의 전이 역시 마찬가지다.

굳이 심리적 관성이라고 따로 이름을 붙이는 이유는 심리적 관성이 특수한 상황이 아니라 너무도 일상적으로 일어나는 보편적 상황이기 때문이다.

정상적으로 살아가는 수많은 사람 역시도 자신에게 심리적 관성들이 많다는 것을 알지 못한 채로 살아간다. 공부하거나 뭔가를 습득하기 위해서 노력하는 사람들의 집중력을 깨트리는 주범인 잡생각들이야말로 심리적 관성의 대표적인 예이다.

5. 상황중독

상황중독

상황중독
어린 시절 고통을 많이 받은 사람일수록 그 고통을 이겨내기 위해서 스스로 고통을 즐길 줄 알게 되었을 때 삶에서 전반적으로 일어나는 중독적인 생활 태도를 말한다.

상황중독이란 어린 시절 고통을 많이 받은 사람일수록 그 고통을 이겨내기 위해서 스스로 고통을 즐길 줄 알게 되었을 때 삶에서 전반적으로 일어나는 중독적인 생활 태도를 말한다.

고통이 크면 클수록 심리적 에너지의 변동이 크다. 고통 그 자체는 괴롭겠지만 그 고통은 언젠가 끝날 것이다.

고통을 피할 수 없다면 즐긴다. 고통이 끝났을 때 안도감을 느끼는데, 고통이 크면 클수록 안도감 역시 커진다. 큰 고통을 느끼지 못한 사람일수록 큰 안도감도 느껴보지 못한다.

만약 성년이 되어 더 이상 자신을 괴롭히는 고통이 없게 되면 역시 큰 안도감을 느끼는 기회도 사라지게 된다.

이 큰 안도감을 쾌락으로 인지하게 되며 이미 경험했던 안도감의 극치를 다시 쾌락으로 재현하고 싶다는 강력한 욕망이 발생한다.

이 욕망을 해결할 때 여러 가지 매개체를 사용하면 각종 매개체에 해당하는 중독이 발생하는 것이다.

상황중독의 예 만약 이 매개체가 고통일 경우 중독적인 쾌감을 느끼기 위해 다시 스스로 고통받는 상황 속에 뛰어들게 되는 비이성적인 행동을 하게 되는데 이것을 좁은 의미의 상황중독이라고 부른다.

상황중독의 특징을 가장 단적으로 보여주는 예시는 병적도벽(절도광, Kleptomania)이다.

병적도벽이란 필요 없는 사소한 물건을 훔치는

행위를 말한다. 금품 그 자체를 목적으로 하는 것이 아니라 훔치는 행위에 목적을 두는 것처럼 보인다. 물건을 훔치고 싶어 하는 충동을 참지 못하고 반복한다. 훔치기 전의 긴장감 고조와 훔치고 나서의 죄책감을 특징으로 한다. 이러한 병적도벽의 원인과 치료에 대해서 아직 뚜렷한 진전이 없는 부분이기도 하다.

하지만 K심리학에서는 전형적인 상황중독의 유형으로 보고 있으며, 환자의 치료 의지가 있는 한 치료가 가능한 질환으로 보고 있다.

병적도벽
(절도광Kleptomania) 필요없는 사소한 물건을 훔치는 행위. 병적도벽의 핵심은 훔치는 행위가 주는 아슬아슬한 긴장감과 훔치는 행위가 성공되었을 때의 안도감이다. 도박, 약물중독, 알콜중독 등의 잘 알려진 중독들도 상황중독이라고 봐야 한다.

먼저 병적도벽 자체가 중독적인 행위라는 것을 이해시킬 필요가 있다. 어린 시절 고통스러운 환경에 오랜 시간 노출된 상태에서 극도의 안도감이나 쾌락을 환경에 의해서 반복적으로 경험한 적이 있는 사람 중 일부가 걸리는 것으로 판단된다.

이 병적도벽의 핵심은 훔치는 행위가 주는 아슬아슬한 긴장감과 훔치는 행위가 성공되었을 때의 안도감이다. 아무런 일이 벌어지지 않는 상태에서의 작은 안도감으로는 쾌락을 얻을 수가 없다. 그 작은 안도감을 수십 배로 부풀리기 위해 자신을 스스로 만든 위험으로 밀어 넣은 후 그 긴장감이 해소되는 순간의 안도감을 극치의 쾌락으로 즐기는 것이다.

당연히 이러한 쾌락은 다른 방법으로도 즐길 수가 있다. 도박, 약물중독, 알콜중독 등의 잘 알려진 중독들도 마찬가지로 상황중독이라고 봐야 한다. 기존의 중독과의 차이는 쾌락이 선행되느냐 고통이 선행되느냐의 차이이다.

극도의 긴장감을 얻기 위해 물건을 훔치는 행위를 자신의 고통으로 밀어 넣는 행위라고 본다면 항상 상황중독은 고통과 쾌락이 한 쌍이 되어 있는 상태를 일컫는 것이라고 말할 수도 있다.

이 한 쌍의 고통과 쾌락을 심리적 에너지 관점에서 살펴보면 고통은 급격한 에너지 절벽으로 쾌락은 급격한 에너지 상승으로 표현할 수도 있다. 또한 이 한 쌍의 에너지 절벽(장대 음봉)과 상승(장대 양봉)은 항상 에너지 절벽(장대 음봉)이 상승한 에너지(장대 양봉)보다 그 절댓값이 큰 경향을 보인다.

그러므로 상황중독에 존재하는 한 쌍의 고통과 쾌락은 늘 쾌락을 추구하기 위해서 사용되지만, 에너지의 측면에서 보면 결국 항상 마이너스인 결과를 얻게 된다. 이는 모든 중독적 행위가 인간을 피폐하게 만드는 이유이기도 하다.

상황중독의 대표적인 예로써 병적도벽을 들었지만, 우리 주변에는 이러한 상황중독을 사용하는 경우가 너무도 많다.

일반적으로 인생에서 맛있는 음식을 더 맛있게 만들기 위해 넣는 감미료와 같은 역할을 한다.

매운 음식을 먹는 것 역시 전형적인 상황중독이라고 말할 수가 있다. 손톱을 물어뜯는 행위나 머리카락을 뽑는 행위도 마찬가지다. 고통을 적극적으로 즐기는 행위나 현재 즐기는 것을 조금 더 극적으로 즐기고자 하는 행위, 쾌락만을 추구하는 행위 모두 이에 해당한다.

물론 모두가 다 병적인 현상은 아니며 그 정도

에 따라 문제가 있는 행동과 그렇지 않은 행동을 나눌 수가 있다. 그 기준은 일반적인 도덕관념에 의지한다 하더라도 이미 충분하다.

만약 자신의 상황중독적 행위가 자신도 심각하다고 여겨진다면 마중물 요법을 시작해 보자. 상황중독은 자극적이고 즐겁지만, 마중물 요법은 지루하고 성가시고 우스꽝스러운 행동으로 느껴질 수도 있겠다. 맞다. 그 정적이고 하찮고 귀찮은 요법 속에서 재미를 찾을 수만 있다면 자신을 해치는 상황중독에서는 저절로 벗어날 수가 있게 된다.

상황중독이 마중물로 치료되는 상황에 대해서는 이미 본문에서도 설명하였으나 약간의 부가적 설명을 덧붙이고 싶다. 상황중독은 심리적 에너지가 급격하게 들고나거나 나고 드는 상황이라고 하였다. 그러면서 에너지가 점점 소모되는 상황이다.

만약 매일매일 에너지가 조금씩 소모되는 상황에서 상당량의 큰 에너지가 들고나는 변화를 느낄 때는 매일 에너지가 조금씩 빠져나가는 것을 느끼고 있었기 때문에 에너지가 나가는 것보다는 들어오는 것을 더 민감하게 느끼게 된다.

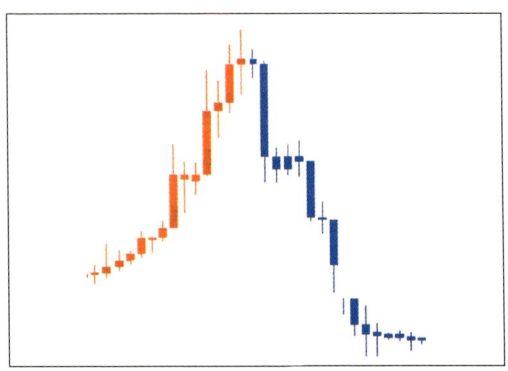

장대양봉과 장대음봉
굵고 긴 붉은색은 장대양봉
굵고 긴 파란색은 장대 음봉

주식 차트 표기 방식을 빌어 이해를 돕자면 매일매일 에너지가 빠져나가는 것을 작은 음봉으로 표시하고 있을 때 장대양봉과 장대음봉이 동시에 출현하게 되면 얼핏 눈에 띄는 것은 당연히 장대양봉이다.

그리고 사람들이 최종적으로는 에너지가 더 빠졌지만, 한때 끝 모르고 치솟아 올랐을 때의 짜릿함을 두고두고 곱씹어 보듯이 장대양봉과 장대음봉의 쌍을 에너지가 들어오는 사건으로 여기게 된다. (파란색 바탕에 큰 빨간색

이 눈에 더 잘 띈다)

하지만 반대로 조금씩이라도 매일매일 에너지가 들어오는 삶이라면 작은 양봉들이 계속 발생하는 상태에서 발생한 장대양봉과 장대음봉의 쌍은 오히려 장대음봉에 주목하게 되는 효과가 있다. 즉 한 쌍의 장대양봉과 장대음봉(상황중독)을 에너지가 들어오는 사건이 아니라 에너지가 빠져나가는 사건으로 인식하게 된다. (빨간색 바탕에 큰 파란색이 눈에 더 잘 띈다)

늘 심리적 에너지가 소모되는 사람들은 상황중독을 에너지가 들어오는 상황으로 인식하여 더 상황중독에 집착하게 된다. 중독이 심해지는 것이다.
반대로 에너지가 들어오는 사람들은 상황중독을 에너지가 빠져나가는 상황으로 인식하여 쉽게 빠져나오게 된다.

매일 마중물을 하여 조금씩이라도 심리적 에너지를 모은다면 예전에는 즐거웠던 모임들이 오히려 귀찮고 피곤한 모임처럼 느껴질 수도 있는 것이다.

6. 마중물 요법

마중물 요법이란

먹고, 씻고, 자고, 청소하고, 빨래하고, 음식하고, 설거지하기 전후로 다음과 같은 말과 대답을 스스로에게 해주는 것을 말한다.

"내가 나를 위해 먹여줄게", "응" "**(자기 이름)야, 먹여줘서 고마워. 잘했어", "응"	먹여준 후

"내가 나를 위해 씻겨줄게", "응" "**야, 씻겨줘서 고마워. 잘했어", "응"	씻겨준 후

"내가 나를 위해 재워줄게", "응" "**야, 재워줘서 고마워. 잘했어", "응"	재워준 후 일어나서

"내가 나를 위해 청소해줄게", "응" "**야, 청소해줘서 고마워. 잘했어", "응"	청소해준 후

"내가 나를 위해 빨래해줄게", "응" "**야, 빨래해줘서 고마워. 잘했어", "응"	빨래해준 후

"내가 나를 위해 음식해줄게", "응"　　음식해준 후
"**야, 음식해줘서 고마워. 잘했어", "응"

"내가 나를 위해 설거지해줄게", "응"　　설거지해준 후
"**야, 설거지해줘서 고마워. 잘했어", "응"

주위에 사람이 있을 때는 마음속으로 들려주면 된다. 동작 하나하나마다 말과 대답을 붙여 최대한 여러 번 말해주도록 하자. 자신과 대화하는 느낌으로 해보자.

예를 들어

> "내가 나를 위해 먹여줄게", "응" →

> "**(자기 이름)야, 밥 먹여줘서 고마워. 잘했어", "응"

> "내가 나를 위해 김치 먹여줄게", "응" →

> "**야, 김치 먹여줘서 고마워. 잘했어", "응"

> "내가 나를 위해 머리 샴푸해줄게", "응" →

> "**야, 머리 샴푸해줘서 고마워. 잘했어", "응"

> "내가 나를 위해 머리 헹궈줄게", "응" →

> "**야, 머리 헹궈줘서 고마워. 잘했어", "응"

같은 식이다.

이렇게 밥 한 숟가락, 반찬 한 젓가락마다 마중물 요법을 할 경우 식사 한번 할 때 10~20회를 할 수 있다. 마찬가지로 샤워 한 번 할 때도 10~20회를 할 수 있게 된다.

고마워 잘했어

모두 합쳐서 최소 하루에 30회 이상 할 수 있도록 하자. 상한선은 없다. 50회이든 100회이든 최대한 많이 하면 할수록 좋다는 것을 잊지 말자.

마중물의 효과를 욕구와 결핍의 측면에서 살펴보자면, K심리학에서 말하는 욕구 중에 기본욕구들에 해당하는 기본적 일상생활(먹고, 씻고, 자고, 청소하고, 빨래하고, 음식하고, 설거지하기)에 말을 붙였다는 것을 알 수 있다.

이는 기본욕구들을 채워주면서 따뜻한 말과 행동을 통해 기본욕구를 필요할 때 항상 즉각적으로 채워주는 '내'가 늘 옆에 존재한다는 것을 확인시켜 주는 청각적 확인욕구와 함께 "고마워. 잘했어."라고 말해줌으로써 직접인정욕구 또한 동시에 채워진다는 것을 의미한다.

> **기본욕구**
> 기본적 일상생활
> 먹고, 씻고, 자고,
> 청소하고, 빨래하고,
> 음식하고,
> 설거지하기

일곱가지 마중물 요법

의衣　빨래하기

식食　먹기
　　　음식만들기
　　　설거지하기

주住　씻기
　　　잠자기
　　　청소하기

하위욕구의 결핍이 상위욕구를 만들기 때문에 하위욕구의 결핍이 커지면 상위욕구 역시 커진다고 얘기한 바 있다.

만약 어린 시절 결핍이 심한 사람일수록 상위욕구의 인정욕구가 커지게 되는데 이는 인정을 받기 위해 비정상적으로 많은 에너지를 소모하게 만드는 상황을 만들게 되어 비효율적인 에너지 교환을 만들어 낸다.

📋 **청각적 확인욕구**
'내'가 늘 옆에 존재한다는 것을 확인시켜주는 욕구

그로 인해 잘 채워지지 않는 허무함, 허전함, 자신을 채워줄 수 있는 누군가에 대한 간절한 그리움, 채워도 채워도 채워지지 않는 욕심, 경쟁심, 질투, 성공에 대한 강한 열망 등의 감정이 생겨난다. 이런 욕구들은 채운다고 없어지지 않는다는 것이 문제이다. 채워도 채워도 계속 목마르고 계속 배가 고프다.

그것은 인정욕구가 모든 욕구들의 상징이기 때문이다. 기본욕구들의 결핍을 예방하기 위해서 만들어진 확인욕구는 이미 확인욕구 자체로 대리욕구가 된다. 그리고 대리욕구라는 말은 기본욕구들의 상징이라는 뜻이기도 하다.

예를 들어보자.

아이가 기본욕구들 중의 하나인 배고픔이 원활하게 채워지다가 갑자기 잘 채워지지 않는 상황이 생겼다고 했을 때 아이는 먼저 양육자의 존재가 옆에 있는지부터 확인할 것이다.

그래서 옆에 양육자가 있다는 것을 확인하면 아직 배고픔이 해결되기 전임에도 불구하고 마음이 놓일 것이다. 곧 양육자가 채워줄 것

📋 **직접인정욕구**
'내'가 늘 옆에 존재한다는 것을 확인시켜주는 청각적 확인욕구와 함께 "고마워. 잘했어."라고 말해줌으로써 직접인정욕구 또한 동시에 채워진다.

이기 때문이다. 그리고 엄마라는 존재를 계속 확인하고 싶어 하는 욕구가 생기는데, 배고픔을 채우는 욕구를 대체하는 대리 욕구의 역할을 하게 된다. 그러므로 결핍 예방 욕구이자 대리 욕구로서의 확인욕구가 생기는 것이다. 또 이 뜻은 엄마의 존재 확인이라는 욕구 속에 어린아이가 바라는 모든 기본욕구를 대신하는 상징의 의미가 있는 것이다.

이런 관계가 확인욕구의 결핍예방욕구로서의 인정욕구, 확인욕구의 대리욕구로서의 인정욕구, 확인욕구의 상징으로써의 인정욕구라는 관계에도 같은 방식으로 적용된다.
눈앞에 양육자가 존재하는 것을 확인했음에도 불구하고 양육자의 기분이 좋지 않으면 기본욕구가 충족되지 않을 것이다. 기분이 좋지 않은 표정인 양육자는 존재를 확인해도 확인이 아예 되지 않은 상태나 마찬가지이다.
그렇다면 확인욕구의 결핍이 생기는데, 이 확인욕구 결핍의 예방욕구가 생겨나며 그것이 양육자로부터 인정과 칭찬을 받기 위해서 노력하는 인정욕구인 것이다. 그리고 이 인정욕구는 확인욕구가 채워지지 않을 때 임시로 만족시킬 수 있는 대리욕구가 되며 다시 말해 확인욕구의 상징욕구가 되는 것이다.

최종적으로 만들어진 (간접)인정욕구는 모든 욕구들의 결핍예방욕구이자 대리욕구이자 상징욕구라고 할 수 있다. 그래서 하위 욕구의 결핍이 심할수록 이것을 대신해서 충족시켜야 하므로 인정욕구는 커질 수밖에 없는 것이다. 그리고 여기서 이 상징욕구를 지속적으로 노력해서 채워본들 상징은 상징일 뿐 실제적인 기본욕구부터 하위욕구들은 잘 채워지지 않게 된다. 욕구는 충분히 채웠지만 겉핥기일 뿐 텅 비어 있는 속은 채워지지 않은 상태가 유지된다.

예를 들면 이런 그림처럼 보일 수가 있을 것이다.

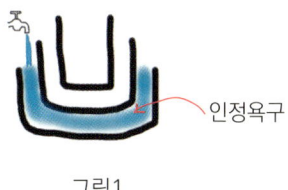

그림1

그림1
최종적으로 만들어진 인정욕구를 아무리 채워봐야 기본적욕구와 확인욕구는 채워지지 않는다. 욕구에 충실한 것 같지만 어딘가 허전함을 지울 수가 없다.

그렇기 때문에 맨 마지막으로 생긴 욕구에 매달려 봤자 그것은 상징일 뿐 실제로 자신이 겪었던 결핍을 근본적인 뿌리까지 채워줄 수는 없는 것이다. 그렇다고 기본적 욕구만 채우는 것으로 그다음 단계의 욕구까지 충족시키는 것은 시간이 오래 걸릴 수밖에 없다.

그리고 기본욕구를 차고 넘치도록 채우는 것 자체가 대부분 문제가 될 가능성이 높은 경우가 많다. 밥을 필요한 분량을 먹고 나서 넘치도록 먹어야 하거나 필요한 시간 이상의 잠을 자야 하기 때문이다.

그림2

그림2
기본적인 욕구를 열심히 채우다 보면 흘러 넘쳐서 점점 다른 욕구까지 만족스러워질 수 있으려면 시간이 많이 걸리거나 부작용이 생길 수 있다.

그러므로 가장 이상적인 것은 기본욕구부터 최종적인 상징욕구까지 동시에 채워주는 것이다. 그렇게 채웠을 때에야 알맹이가 빠진 듯한 헛헛함이나 채워지지 않는 허기나 뼈가 시린 외로움에서 벗어날 수가 있는 것이다.

그림3

이 얘기를, 욕구를 충족 받는 대상을 포함한 얘기로 다시 해보자.

원래 인정욕구는 상징욕구이기도 하지만 만능열쇠로 만들어진 욕구다. 인정욕구 하나만 충족되면 확인욕구와 기본욕구 또한 저절로 채워지기 때문이다. 이는 양육자가 '나'를 양육하는 데 전적으로 모든 생활에서 직접 양육해줘야 한다고 생각하는 연령대 내에서는 통하는 말이다. 즉 영유아나 일부 학령전기의 아동들에게 해당하는 말이다. 그 후부터는 대부분의 생활을 스스로 해 나가야 한다. 나이가 들면 들수록 성인이 되면 될수록 양육자는 더 이상 기본적 욕구를 책임지지 않게 된다. '나' 역시 성장해 나가면서 양육자에게 인정받기보다는 친구나 또래에게 인정받기가 훨씬 쉽다고 느낀다. 그리고 인정받았을 때 들어오는 에너

그림3
그러므로 가장 이상적인 욕구 충족은 욕구발생 순서에 맞게 기본적인 욕구부터 확인욕구 최종적인 상징욕구인 인정욕구까지 동시에 채워주어야 효과적이다.

지도 훨씬 크게 느껴지므로 타인에게서 인정받는 것을 즐기게 된다.

하지만 성인이 되어서 기본적인 욕구를 스스로 채우면 채울수록, 인정욕구를 충족 받고자 하는 대상이 타인일수록 인정욕구는 더 이상 기본적 욕구와는 관계가 없는 상징욕구로 남게 된다. 어릴 때는 인정욕구 하나만 충족되어도 모든 욕구가 한꺼번에 채워지는 경험을 했겠지만, 성인이 되어서는 아무리 인정욕구를 충족 받아도 기본적 욕구까지 충족되지는 않기 때문이다. 기본적 욕구가 충족되지 않아서는 확인욕구가 충족되어도 별 의미 없다. 그러니 성인이 되어 인정욕구만 추구해서는 가운데가 뻥 뚫린 공갈빵 형태로 욕구가 충족된다고 할 수 있다. 인정욕구를 집착하고 추구하면 추구할수록 어딘가 허전함을 느낄 수밖에 없는 이유이기도 하다.

📋 **에너지**
각종의 욕구를 통해 손쉽게 충족되는 만족감

마중물의 효과를 에너지와 자존감의 측면에서 따져 보자면, 에너지의 정의부터 살펴보아야 한다.

에너지는 각종의 욕구를 통해 손쉽게 충족되는 만족감이라고 했다. 에너지의 양은 손쉽게 충족되는 만족감이 얼마나 모이느냐에 결정된다고 할 수 있다.

만약 욕구들이 '나'의 노력 없이 양육자에 의해 저절로 채워진다면, 또는 '나'의 노력이 크게 의미 없는 상황에서도 욕구들이 채워진다면, 이렇게 모인 에너지는 자기가치감이라는 이름을 달고 하나의 주머니로 모인다.

영유아나 학령전기의 아동들이 주로 받는 형식의 에너지이기 때문에 주로 기본욕구나 확인욕구를 통해 충족되는 확률이 높다.

만약 직접인정욕구나 간접인정욕구마저 저절로 충족되는 상태라면 상대방에 대한 배려심이 낮아지게 되며 사회성이 떨어지거나 자기밖에 모르는 안하무인의 성격이 될 것이다.

또 여러 가지 욕구들이 '내'가 애쓰고 수고하지 않으면 전혀 채워지지 않는 상황을 생각해 보자. 결국 자신의 욕구를 채우는 데 자신의 노

> **자기가치감**
> 욕구들이 '나'의 노력 없이 양육자에 의해 저절로 채워진다면, 또는 '나'의 노력이 크게 의미 없는 상황에서도 욕구들이 채워진다면, 이렇게 모인 에너지는 자기가치감이라는 이름을 달고 하나의 주머니로 모인다.

력으로 매번 자격을 검증받아야 하는 상황인 것이다. 그 결과 이렇게 모인 에너지들은 자기효능감이라는 이름을 달고 또 하나의 주머니로 모인다. 학령기 아동이나 청소년들이 주로 받는 형식의 에너지이기 때문에 주로 직접인정욕구나 간접인정욕구를 통해 충족된다.

만약 저절로 채워져야 하는 기본욕구와 확인욕구마저 손쉽게 채워지지 않는 환경에서 자랐다면 뿌리 깊은 결핍감과 낮은 자존감이 문제가 될 것이다.

자기가치감과 자기효능감이라는 이 두 주머니는 포개져서 자존감이라는 하나의 수조로 들어간다.

양육자가 어린 시절에 대하는 방식으로 정해주는 자기가치감은 한번 정해지면 그 양이 고정되는 것으로 보인다. 그 후에 남은 공간을 자기효능감으로 채우지만, 자기 효능감은 그때그때 상황에 따라 양의 변화가 크다.

자신의 노력으로 자신이 대견하다는 느낌을 얻었다면 그만큼의 자기 효능감이 생길 것이다.

> 직접인정욕구나 간접인정욕구마저 저절로 충족되는 상태라면 상대방에 대한 배려심이 낮아지게 되며 사회성이 떨어지거나 자기밖에 모르는 안하무인의 성격이 될 것이다.

하지만 곧바로 타인이 그 노력을 타당한 이유를 들어 별것 아닌 것으로 평가해 버린다면 자신을 쓸모없다고 느끼면서 자기 효능감은 0이 된다. 그렇게 되면 하나의 수조에 담겨 있는 두 개의 주머니 중의 하나는 텅 비게 되고 남아 있는 자기가치감의 양이 자존감의 전부가 된다. 만약 자기 가치감마저 0에 가깝다면 들쭉날쭉한 자기효능감이 0이 되는 순간마다 전체적인 자존감은 0이 되어버리는 것이다.

그래서 약간의 자기가치감은 자신을 방어하는 데 중요한 역할을 한다. 약간의 자기가치감이라도 자기효능감이 0인 순간들을 훌륭하게 방어해 낼 것이다.

만약 자기가치감이 0인 사람이 있다고 한다면 수조를 채우고 있는 하나의 주머니는 자기효능감일 것이다. 만약 이 자기효능감이 적당한 노력으로 정당한 욕구 만족감을 통해 얻은 에너지라면 쉽게 고갈되지도 않을 것이며 충분히 자기가치감을 대체하고도 남을 것이다.

하지만 자기가치감이 0인데 자기효능감이라고

📋 저절로 채워져야 하는 기본욕구와 확인욕구마저 손쉽게 채워지지 않는 환경에서 자랐다면 뿌리깊은 결핍감과 낮은 자존감이 문제가 될 것이다.

제대로 만들어질 리가 없다. 욕구가 적당한 노력으로는 절대 제대로 채워지지 않을 것이다. 이런 사람들의 경우, 욕구들이 굉장히 힘들게 채워지면서 자신이 받아 든 만족감보다 훨씬 많은 에너지를 써야 하는 상황이 된다. 자기효능감을 채울수록 에너지가 요동치는 느낌만 든다. 에너지가 들어왔다가 순식간에 썰물처럼 빠지면서 입맛만 버릴 뿐이다.

한 줌 터럭 같은 자기효능감을 위해서 애간장을 녹여내는 수고를 한다면 그 사람은 얼마 못 가 자존감이 파산 상태에 이르게 된다. 에너지가 파산했다는 뜻이며 세상에는 번아웃이라는 말로 알려져 있다.

마중물은 자기가치감이 0이어서 매 순간 자존감이 0이 되는 위협을 느끼는 사람들에게 도움이 된다. 마중물의 태생은 자기효능감이나 그 행태는 자기가치감으로 작용하는 경향이 있으므로 특히 효과적이다.
또 자기효능감의 에너지 교환이 심한 적자여서 자기

효능감을 추구하면 할수록 에너지가 축나는 사람들에게 도움이 된다.

마중물은 에너지 교환을 적당한 노력으로 정당하게 자기효능감을 얻게 해주므로 에너지 수지 개선 효과가 나타난다. 마중물의 에너지 교환 비율은 무의식선에서 교정이 되므로 좀 더 효과적이라고 말할 수 있다.

마중물의 효과

마중물의 효과를 "'나'와 '나'의 관계도 인간관계다."라는 말에 비추어 보자면, 마중물 요법은 이미 파탄 난 연인 같은 관계를 다시 회복시켜 주는 유일한 방법이라 할 수 있다. 수많은 사람은 자신과의 관계가 가장 중요한 인간관계임에도 불구하고 모든 인간관계에서 최하위에 그 우선순위를 두고 있다. 어쩌면 그런 관계가 있었는지 까마득히 잊어버리고서는 생각조차 하지 않을지도 모른다.

만약 누군가 자신에게 소중한 사람이 자신과 관계없는 실수로 혼자 자책하고 괴로워하고 있다면 그 누군가는 그 소중한 사람에게 위로를 건넬 것이고 괴로워할 필요가 없다는 것을 논

'나'와 '나'의 관계도 인간관계다.

리적으로 증명하려고 노력할 것이다. 그리하여 자신의 소중한 사람이 최대한 빨리 괴로움에서 벗어나도록 도우려고 할 것이다. 그 이유는 자신의 소중한 사람이기 때문이다.

그런데 그 누군가는 자신이 똑같은 실수로 괴로워할 때 자신에게는 왜 비난하고 헐뜯고 욕을 해대는가? 왜 자신이 소중한 사람에게 했던 태도를 자신에게는 보이지는 않는가? 만약 소중한 사람이 괴로워하고 있을 때 그 누군가가 자신에게 하듯 욕하고 헐뜯고 비난했다면 그 이유는 명백하다. 그것은 그가 누군가에게 소중한 사람이 아니었기 때문이고 그 사람을 싫어했기 때문이다.

그것은 자신의 작은 실수에 계속 자책하고 괴로워하는 사람이 있다면 그 사람은 자신의 실수 때문에 자신을 싫어하는 것이 아니라는 말이 된다. 원래 자신을 싫어하고 미워했기 때문에 자신을 감싸주거나 위로해 주지 못하고 작은 실수를 빌미 삼아 공격을 퍼붓고 힐난하는 것이다. 싫어하는 것이 먼저이고 실수가 나중이며 실수를 기회 삼아 싫음을 마음껏 표현하는 것이다.

왜 자신을 싫어하게 되었을까?	그렇다면 왜 싫어하는 것일까? 자신을 자책하고 비난하고 자신을 괴롭히는 사람들은 왜 자신을 싫어하게 되었을까? 그 이유는 맨 앞에서 이미 설명하였다.
그 이유	자신과 자신과의 관계를 가장 소홀히 여겼기 때문이다. 관계로 간주하여 관계를 유지하기 위한 대접을 해야 한다는 사실을 아예 잊어버렸기 때문이다. 그래서 '내'가 '나'를 싫어하는 것이다.
마중물 요법이 반드시 필요한 이유	마중물 요법은 바로 이렇게 자신을 싫어하는 사람들에게 필요한 요법이다. 만약 마중물 요법을 통해 자신과의 관계가 회복된다면 더 이상 자책을 하지 않게 될 것이다. 그리고 더 이상 자책을 하지 않는다면 더 이상 우울하지도 않게 된다. 그것은 이론적인 얘기가 아니라 실제 관계에 관한 얘기이며 실제 임상에서 일어나는 사실이다.

그렇기 때문에 다시 관계를 회복하기 위한 노

력으로 마중물 요법을 한다면 적당히 할 수가 없다. 적당히 해서는 안 되는 것이다. 가장 중요한 사람과의 관계 회복을 하기 위해서라면 정말로 공을 들일 수밖에 없을 것이다. 적당히 해서는 미워하는 사람끼리의 관계가 회복되지 않을 것이기 때문이다. 그러므로 마중물 요법을 간절한 마음을 가지고 필사적으로 해야 한다.

마중물 효과의 상황중독적인 측면

마중물의 효과를 상황중독적인 측면에서 따져 보면, 이미 본문에서 얘기를 많이 했기 때문에 따로 설명할 필요가 없는 부분이다. 다만, 오랫동안 임상에서의 경험을 두고 보면 한 가지 덧붙이고 싶은 말이 있을 뿐이다. 마중물 요법과 상황중독을 대치시켜 놓고 보자면, 성질상 서로 등을 지고 미는 힘 싸움처럼 느껴질 때가 있다는 것이다.

마중물은 고요한 가운데 조용히 '나' 자신의 소리에 귀 기울여야 조금씩 느껴지는 속삭임과 같은 느낌이라면 상황중독은 거센 숨소리와 거친 고함 속에서 마구 요동치는 롤러코스터를 탄 느낌과 비슷하다.

그러므로 상황중독에 빠져 있는 상태라면 절대로 마중물 요법이 진행되지 않는다. 생각조차 나지 않을 뿐만 아니라 생각이 나더라도 거센 비바람 앞을 막아선 신문지 한 장처럼 맥없이 찢어지게 된다. 상황중독의 존재감에 비하면 마중물 요법을 통한 에너지의 존재감은 미미하다 못해 하찮게 여겨지기 때문이다.

하지만 마중물 요법은 오랫동안 쌓였을 때 위력을 발휘하게 된다. 그리고 마중물 요법만이 상황중독을 막아낼 수 있는 천적의 역할을 하게 된다. 비록 비에 젖은 신문지이지만 여러 겹으로 쌓아 올려 백과사전의 두께만 되어도 비바람은 충분히 막아낼 수 있기 때문이다. 마중물에 푹 빠져 마중물로 하루하루 살아간다면 능히 상황중독을 이겨낼 수 있다는 뜻이다. 반대로 조금이라도 상황중독에 빠져들어 가면 어쩔 수 없이 마중물 요법은 멈추게 되고 결국에는 사그라들고 말게 된다. 이런 대치는 산사에 들어앉아서 느끼는 고요하고 느린 풍경 소리 대(vs) 대학가의 클럽 내에서 온몸으로 듣는 굉음과 빠른 박자에 비유할 수 있겠다.